プロブレムQ&A

あきれる裁判と裁判員制度

［裁判官は、なぜ信用できないのか？］

■

矢野　輝雄・著

緑風出版

プロブレム
Q&A

目次

プロブレムQ&A

はじめに～裁判官は、なぜ信用できないのか？～　8

I　裁判官が信用できないワケ

Q1　民事裁判の仕組みと手続の流れは、どうなっているのですか？　14
民事裁判の仕組みや手続の流れは、むずかしい言葉が多く、わかりにくいのですが、どのようになっているのですか？　わかりやすく教えてください。

Q2　誤った裁判の温床となる原因には、何がありますか？　20
一審判決と二審判決が正反対の結論になる民事裁判が多いのですが、誤った裁判が日常的に発生する主な原因には、何がありますか？

Q3　裁判所は、本来の役割を果たしているのですか？　25
憲法では、司法権・行政権・立法権の三権分立の制度をとっていますが、司法権は、十分に機能しているのですか？　完全に独立は保たれているのでしょうか？

Q4　誤判決が多いと弁護士は、やる気をなくすのではありませんか？　28
弁護士は仕事とはいえ、誤った判決が多いと、やる気をなくしてしまうのではありませんか？　住民訴訟などを引き受けない弁護士さんもいるって本当ですか？

Q5　最高裁判所の悪名高い「例文判決」とは、どんなものですか？　34
最高裁判所が多用するという切り捨て御免の「例文判決」とは、どんなもので、何が問題となっているのですか？　実際、そんな判決が多いのでしょうか？

Q6　刑事裁判の仕組みと手続の流れは、どうなっているのですか？　37
刑事裁判の仕組みと手続の流れは、民事裁判の場合とは、どのように違っているのですか？　刑事裁判の流れを教えてください。

Ⅱ　あきれる裁判の実例集

Q7　登記所の地図にある土地が消えてなくなった事件とは、どんな事件ですか？
登記所に備え付けている公図《こうず》（地図）にある土地がなくなった事件の裁判とは、どんな裁判ですか？　実際、本当にそんなことがあるのでしょうか？　48

Q8　暴行によってケガをしたのに損害賠償請求が認められない事件とは？
暴行によってケガをして入院治療をしたのに、治療費などの損害賠償請求が認められなかった事件があるそうですが、どんな事件ですか？　60

Q9　年金収入をこえる扶養料の支払いを命ずる審判のあった事件とは？
年金収入しかない定年退職者に母親の扶養料として年金額をこえる扶養料の支払いを命ずる審判のあった事件とは、どんな事件ですか？　68

Q10　通行不可能な通行権を認めた判決の事件とは、どんな事件ですか？
幅二〇センチしかない人間の通行できない通路しかないのに、幅一メートルの通行権を認めた変な判決の事件とは、どんな事件ですか？　81

Q11　「裁量権の範囲内」という理屈によって住民を敗訴させた事件は？
行政側に便利な「裁量権」とは何ですか？　その裁量権という裁判官の印籠を使って住民を敗訴させる理屈とは、どんな理屈なのでしょうか？　89

Q12　行政を相手方とする行政事件訴訟は、やるだけ無駄ですか？
行政事件訴訟はなかなか住民が勝てないと言われますが、立証責任が行政側にあるとされる取消訴訟でも、住民側が勝てない理由は、何ですか？　100

Q13　裁判官が、慰謝料を認めるのに臆病な理由は、何ですか？
裁判官は、慰謝料の算定をどのようにしているのですか？　一定の基準はないのでしょうか？　裁判の都度、算定が変わるのでは、不安なのですが……。　113

プロブレムQ&A

Ⅲ 自由心証主義と裁判官

Q14 刑事裁判での誤った裁判の実例には、どんな裁判がありますか？

刑事裁判による「冤罪」の実例には、どんなものがありますか？　一度判決が決まると拘束されるので、大変だと思うのですが……。

122

Q15 自由心証主義とは、何ですか？

裁判官の自由な心証によって判断できるとしている自由心証主義とは、どんなものですか？　裁判官の判断に任せても大丈夫なのでしょうか？

138

Q16 経験則とは、何ですか？

裁判官の事実認定の基礎となる「経験則」とは、どんなものですか？　これも言葉があいまいで、人によって基準が違うと思うのですが……。

142

Q17 社会通念とは、何ですか？

裁判官の判断の基準となる「社会通念」とは、どんなものですか？　普通の人達の常識とは違うものなのですか？　社会通念といわれても困るのですが？

144

Q18 法定証拠主義と自由心証主義とは、何ですか？

法定証拠主義に対して自由心証主義は「伸び縮みのするモノサシ」といわれていますが、どんな意味ですか。より自由な判決ができるという意味でしょうか？

146

Ⅳ 裁判員制度って何？

Q19 裁判員制度とは、どんなものですか？

新たに裁判員制度が導入されようとしていますが、どんな制度なのですか？　普通の一般市民も参加すると聞きましたが、公正な裁判ができるのでしょうか？

150

Q20 裁判員は、どのようにして選ばれるのですか？

裁判員は無作為に選ばれると聞きましたが、どのように選ばれるのでしょうか？ 断ることはできるのですか？ それぞれの個人情報は考慮されるのですか？

154

Q21 裁判員の仕事とは？

もし、裁判員に選ばれたら、どんなことをするのですか？ 裁判官と同じことをするのでしょうか？ 間違った判断で人を裁くのは不安なのですが……。

160

Q22 裁判員制度は、国民の理解が得られているのですか？

裁判員制度について世論はどうみているのでしょうか？ 内容がよく分からないので不安なのですが……。世論は了解しているのですか？

166

Q23 裁判員制度の主な問題点は、何ですか？

今の裁判がおかしいこともわかりましたが、裁判員制度ですべて改まるとは思えません。裁判員制度にも問題があるのではありませんか？

170

あとがき 179

本文イラスト＝堀内　朝彦

はじめに　～裁判官は、なぜ信用できないのか？～

あなたは、裁判官《さいばんかん》は、なんとなく信用できるとは考えていませんか？

もし、そう考えているとすれば、大きなマチガイであり幻想《げんそう》に過ぎないのです。裁判が間違う原因の大半は、裁判官の資質《ししつ》や能力の欠陥《けっかん》にありますが、裁判制度《さいばんせいど》にも原因《げんいん》があります。

裁判がマチガイだと断定《だんてい》できる場合は、どんな場合でしょうか？

それは、例えば、①あなたが知人のA君に暴行《ぼうこう》を受けて全治《ぜんち》六カ月の重傷《じゅうしょう》を負って入院し、手術《しゅじゅつ》をして治療費《ちりょうひ》に五〇万円かかった場合に、あなたがA君に損害賠償請求《そんがいばいしょうせいきゅう》をしても裁判官があなたの主張《しゅちょう》を一切《いっさい》認めないような場合や、②あなたが、自動車を運転して赤信号で停止中に、後ろからB君の自動車が追突《ついとつ》し、あなたがむち打《う》ち症《しょう》になり自動車も破損《はそん》した場合に、あなたがB君に損害賠償請求をしても裁判官があなたの主張を一切認めないような場合です。

このような例では、「誤《あやま》った裁判」がなされても損害賠償請求額の損失《そんしつ》で済みますが、裁判官の予断《よだん》と偏見《へんけん》と独断《どくだん》に基《もと》づく「誤った裁判」で、全財産《ぜんざいさん》を失うこともあるのです。「誤った裁判」によって国家権力《こっかけんりょく》による強制執行《きょうせいしっこう》で身ぐるみ剥《は》がされることもあるのです。本書第Ⅱ部のQ９の例がこれに近いものです。「誤った裁判」の恐ろしさは、全財産を国家権力により奪われる場合のほか、誤った死刑判決《しけいはんけつ》により命を奪《うば》われる場合もあるのです。このことは過去に死刑判決が冤罪《えんざい》であった例により明らかです。

裁判がマチガイだと断定できる場合には、自分の体験がなくても、他人の裁判であっても、例えば、ある土地がA所有《しょゆう》の土地かB所有の土地かが争《あらそ》われた場合に、一審判決《いっしんはんけつ》はA所有と判断《はんだん》し、二審《にしん》判決はB所有と判断した場合は、当然、いずれかの判決が誤りなのです。このような「誤った裁判」は日常的《にちじょうてき》に大量《たいりょう》に発生しているのです。

裁判が間違う原因の大半《たいはん》は裁判官にありますが、私の多年《たねん》の経験では、裁判官は判決の前提《ぜんてい》となる事実をよく理解していないことが多いと考えています。裁判官は、提出された書面さえ、よく読んでいない場合が多分にあると思われます。かりに読んだとしても、自分の判決の結論に都合《つごう》の悪い部分は無視するのです。

裁判官の仕事は、いくら間違った判決を出しても何らの責任をとらされない楽な仕事なのです。裁判官は、たとえ間違いでも結論さえ出せば、仕事は終わるのです。例えば、ある土地がA所有の土地かB所有の土地かが争われた場合に、一審判決はA所有とし、二審（控訴審《こうそしん》）判決はB所有だとした場合は、あとで勝ったB所有となるのです。三審（上告審《じょうこくしん》）は憲法《けんぽう》違反《いはん》その他の厳格《げんかく》な事由のない限り審理《しんり》は行われませんから、結局、二審判決の内容で確定するのです。後日、A所有であることが明確になっても、二審判決は変わらないのです。要するに、民事裁判は真実を発見するものではなく、ウソでも争いを判決で解決すれば、一件落着《いっけんらくちゃく》というものなのです。

もちろん、誠実《せいじつ》な裁判官もいることは事実です。しかし、本書に掲げたような無茶苦茶《むちゃくちゃ》な裁判をする裁判官がいることに司法の危機《きき》を感じざるを得ないのです。

さらに、便利な仕組みとして、裁判官は、結論を出す必要がありますから、原告《げんこく》（訴《うった》えた者）と被告《ひこく》（訴えられた者）のいずれかを勝たせますが、裁判官がよく分からない場合は、原告の立証《りっしょう》が果《は》たされていないとして原告の負けとすればよいだけなのです。この理屈《りくつ》のことを教科書では、証明責任《しょうめいせきにん》といいますが、証明する責任のある者（一般に原告）が証明できない場合は、その者が負けるという原則です。「証明できない場合」という説明は、教科書の説明であって、実際には、裁判官の能力のなさや怠慢《たいまん》で「分からない」という場合が多いと考えています。

殺人事件のような重大な刑事裁判《けいじさいばん》について一般国民から無作為《むさくい》に選ばれる裁判員六人と職業裁判官三人で裁判をする「裁《さい》判員制度《ばんいんせいど》」が二〇〇九年（平成二十一年）五月までに開始されます。この裁判員制度については、素人《しろうと》の一般国民が殺人事件《さつじんじけん》のような重大な刑事事件について裁判をすることができるのかとか、裁判員制度は憲法違反の制度であるとかの多くの疑問《ぎもん》点を残しながらも、従来《じゅうらい》の職業裁判官の裁判に比べれば、よりマシな裁判になると考えられています。従来の職業裁判官の裁判が国民に信用されているのであれば、わざわざ、法律の素人の一般国民を裁判に参加させる必要はないのですが、従来の裁判官の裁判は信用できないので、法律の素人の一般国民の判断のほうが良いと考えられたのです。もともと裁判で問題となるのは、「事実は、どうだったのか」という事実の認定《にんてい》が中心になりますが、裁判官は、一応は弁護士程度の法律の専門家であったとしても、何も事実認定《じじつにんてい》の専門家ではありませんから、事実認定なら一般国民にもできると考えられたのです。裁判員制度を作った理由には種々の理由が述べられていますが、最も重要な理由は、従来の職業裁判官の裁判は信用できないからということにあります。

本書は、具体的な裁判を通して「裁判官は、なぜ信用できないのか」について考えていこうとするものですが、訴訟制度《そしょうせいど》の理解にも役立ちますし、裁判沙汰《さいばんざた》になると、こんな目に会うという実態を知っておいてもらいたいと考えています。裁判は役立たないとか、裁判は嫌がらせ以外に使えないといった意見を持っている人もいますが、その気持ちは十分に理解できます。

本書では、次のように最初に結論部分ともいえる裁判官が信用できない理由を述べた後に具体的な実際の裁判例を通して、「裁判官は、なぜ信用できないのか」について考えていきます。ただ、職業裁判官への不信の中から生まれた裁判制度の革命ともいえる新しい「裁判員制度」は刑事裁判制度ですが、重要ですので最後に触れることにしました。

第Ⅰ部　裁判官が信用できないワケ
第Ⅱ部　あきれる裁判の実例集
第Ⅲ部　自由心証主義《じゆうしんしょうしゅぎ》と裁判官
第Ⅳ部　裁判員制度

民事裁判の記録は、法律で誰でも閲覧《えつらん》することができるとされていますから、ご紹介する具体的な民事裁判でも実名でご紹介することもできますが、本書では、自治体名《じちたいめい》・公務員名《こうむいんめい》・団体名を除《のぞ》いて、仮名《かめい》としました。また、民事裁判の記録は、たとえ閲覧したとしても膨大《ぼうだい》な量がありますから、その記録の要旨《ようし》を分かりやすくまとめてご紹介します。本書の実例は、著者が当事者となって直接体験した裁判のほか、著者が市民オンブズ活動の中で当事者本人から直接取材して来た実際の事件を取り上げています。

本書の結論は、著者の十年余にわたる体験と取材によって得た資料によって導き出された客観的真理《きゃくかんてきしんり》ですので、読者の皆様が何らかの裁判に関係されれば同一の認識に至《いた》られるであろうことを確信しています。本書が皆様の裁判制度の理解に役立つことを期待しています。

二〇〇六年八月

著者

プロブレムQ&A

I

裁判官が信用できないワケ

Q1 民事裁判の仕組みと手続の流れは、どうなっているのですか？

民事裁判の仕組みや手続の流れは、むずかしい言葉が多く、わかりにくいのですが、どのようになっているのですか？わかりやすく教えてください。

民事裁判の仕組みは簡単

裁判《さいばん》の仕組《しく》みはむずかしいと思っている人がいますが、それはマチガイです。

裁判の仕組みは、簡単で、①ある「事実」があって、②その事実に法律を適用《てきよう》して、③判決《はんけつ》を出すというだけのことです。

こんな簡単な仕組みなのに、なぜ、裁判官は結論を誤《あやま》るのかというと、まず、①事実の認定《にんてい》を誤ったり、②かりに事実の認定に誤りがなかったとしても、法律の適用《てきよう》を誤るからです。裁判官は一応は法律の専門家ですから、②の誤りは①よりも少なく、①の誤りがほとんどです。裁判官が法律の専門家だといっても、所詮《しょせん》、弁護士や検察官と同程度なのです。裁判官が、特に法律に詳しいわけではないのです。

事実の認定とは

事実の認定とは、文字どおり、事実はどうであったのかを裁判官が認定するこ

民事裁判

民事事件に関して裁判所（個々の事件について裁判権を行使《こうし》する裁判官）が示す判断をいいます。民事事件とは、民事訴訟の対象となる事件（例えば、貸金返還請求《かしきんへんかんせいきゅう》、損害賠償《そんがいばいしょう》請求）をいいます。その他の事件には家事審判法《かじしんぱんほう》の対象となる家事事件、行政事件訴訟法《ぎょうせいじけんそしょうほう》の対象となる行政事件、刑事訴訟法《けいじそしょうほう》の対象となる刑事事件があります。

とをいいます。例えば、「AはBに借金《しゃくきん》を昨年四月一日に返還《へんかん》した」という事実を認定するような場合です。この事実の認定を誤ると、当然に結論を誤ることになります。裁判官は、法律は知っていても事実は初めて接するわけですから、事実は何も知らないのです。

裁判官は、一応は法律の専門家であったとしても、すべての法律に詳しいわけではありませんし、重要なことは、裁判官は、事実認定の専門家ではないということです。事実認定なら法律の素人《しろうと》でもできるという前提《ぜんてい》で、二〇〇九年（平成二十一年）から殺人事件《さつじんじけん》や放火事件《ほうかじけん》のような重大な刑事事件《けいじじけん》について一般国民から選ばれた「裁判員《さいばんいん》」の制度による刑事裁判が開始されるのです（詳細は第Ⅳ部）。裁判官は、事実の認定を誤って、裁判の結論を誤っても何らの責任を問われることはないのです。

認定した事実に法律を適用する

次に、裁判官の認定した事実に法律を適用することになりますが、かりに事実の認定に誤りがなかった場合でも、認定した事実に誤って法律を適用すると結論を誤ることになります。例えば、上例の「AはBに借金を昨年四月一日に返還した」という事実を正しく認定したとしても、AとBの間の契約《けいやく》の解釈《かいしゃく》を誤ると結論を誤ることになります。

事実の認定自体が誤っていた場合は、いかに法律の適用に屁理屈《へりくつ》を並べても結

事実の認定

民事裁判は具体的な事実に法律を適用してなされますが、この具体的な事実の有無《うむ》を裁判所が証拠によって確定する作業をいいます。事実の認定は、裁判官が証拠と弁論の全趣《ぜんしゅ》旨《し》（審理の過程に現れた一切の事情）を資料として裁判官の自由な心証により認定することとされています（民事訴訟法第二四七条）。

論を誤ることになることはいうまでもありません。

民事裁判の手続の流れは、こうなる

民事裁判の手続の流れは、①申立《もうしたて》（訴状《そじょう》の提出）→②主張《しゅちょう》（言い分を述べること）→立証《りっしょう》（言い分が真実であることを証明すること）→④裁判官の事実認定による判決という流れになります。この流れをくわしくみると次図のようになります。本書第Ⅱ部の実例《じつれい》を見て行く場合に、民事裁判の手続の流れを知っておくと分かりやすいのでここで説明をしておきます。

訴《うった》えの提起《ていき》	原告《げんこく》（訴えた者）となろうとする者は、訴状という書面《しょめん》を法律で決められた裁判所へ提出します。
↓	
訴状の送達《そうたつ》	裁判所は、被告（訴えられた者）に対して訴状の写しと第一回口頭弁論期日《こうとうべんろんきじつ》の呼出状《よびだしじょう》を送達《そうたつ》（書留《かきとめ》郵便による送付）します。原告へも呼出状を送付します。
↓	
答弁書《とうべんしょ》の提出	被告《ひこく》は、訴状の内容についての応答を書いた答弁書という書面を裁判所の指定する期限までに裁判所へ提出するとともに原告にも直送《ちょくそう》します。

訴状
民事事件の第一審の審理をする裁判所へ原告が訴えの提起をする場合に提出する書面をいいます。訴状には、①当事者（原告と被告）の住所と氏名、②請求の趣旨（原告が、その訴えでどのような内容の判決を求めるのかの記載）、③請求の原因（原告の請求を特定するのに必要な事実の記載）を記載する必要があります。

送達
裁判所から特定の者に対して法定の方法で書類を送付することをいいます。通常は、郵便法に定める特別送達という書留郵便で送付します。

口頭弁論
審理をする裁判所の定めた期日（審理をする日時）に公開の法廷で

第一回口頭弁論期日	口頭弁論期日とは、当事者《とうじしゃ》（原告と被告）が口頭《こうとう》で主張を陳述《ちんじゅつ》したり証拠《しょうこ》を提出したりする法廷《ほうてい》で審理をする日時《にちじ》をいいます。第一回では原告は訴状を陳述し被告は答弁書を陳述します。裁判官から次回の口頭弁論期日が指定されます。
↓	
口頭弁論の続行《ぞっこう》	裁判官が判決ができると思うまで口頭弁論期日が続行されます。各口頭弁論期日の前に当事者は準備書面《じゅんびしょめん》を提出します。
↓	
証拠調べ（立証《りっしょう》）	口頭弁論手続によって争点《そうてん》が明確になると証拠調べの手続に入ります。証拠調べのためには証拠の申出《もうしで》が必要です。
↓	
口頭弁論の終結《しゅうけつ》	裁判官が判決ができると思った時に口頭弁論を終結します。裁判官は判決の言い渡し期日を指定します。
↓	
判決《はんけつ》の言い渡し	判決は言い渡しによって成立し判決の効力《こうりょく》が生じます。判決の言い渡し期日には裁判所に出頭する必要はありません。

当事者が主張を述べたり証拠を提出したりすることをいいます。口頭弁論を行う期日（日時）を口頭弁論期日といいます。

呼出状

裁判所から当事者（原告と被告）や証人のような訴訟関係人に期日を通知し出頭を命ずる書面をいいます。

答弁書

訴状に書かれた原告の申立に対して、被告がする最初の応答を書いた準備書面（自分の言い分を書いた書面）をいいます。準備書面とは、口頭弁論の期日（当事者が法廷で口頭で陳述するための日時）に陳述しようとする事項を記載した書面をいいますが、被告の最初の準備書面のことを答弁書《とうべんしょ》といいます。

上《じょう》訴《そ》

一審判決に不服《ふふく》がある場合は控訴《こうそ》（二審《にしん》）をすることができます。
二審（控訴審《こうそしん》）判決に不服がある場合は上告《じょうこく》（三審《さんしん》）をすることができる場合がありますが、憲法違反《けんぽういはん》その他の厳格《げんかく》な事由《じゆう》がある場合だけに極端《きょくたん》に制限されています。

誤った裁判の主な原因は、立証（証拠調べ）の段階に

この流れの中で裁判官の「誤った裁判」の原因となる最も多い段階は、立証《りっしょう》の段階（証拠調べ）にあります。立証とは、自分の主張した事実が真実であることを証拠を提出して証明することをいいます。しかし、どんな確実な真実の証拠であっても、裁判官が「信じられない！」といえばそれまでで、証拠の採用《さいよう》を誤ると当然に誤った判決になります。

裁判官の「誤った裁判」の主な原因には、予断《よだん》と偏見《へんけん》と独断《どくだん》で自分の結論に都合《つごう》のよい証拠だけを採用した場合や「初めに結論ありき」のような無茶《むちゃ》な証拠の採用をした場合です。

証拠の種類には、次の五種類がありますが、(1)の文書（書証《しょしょう》）が最も重要です。裁判官は、証人尋問《しょうにんじんもん》・当事者《とうじしゃ》尋問・検証《けんしょう》・鑑定《かんてい》のような手間《てま》のかかる手続は嫌がりますから、これらの申請《しんせい》をしても採用しないことが多いのです。

証拠調べ

裁判所が、物的《ぶってき》証拠（書類、物、場所）や人的《じんてき》証拠（証人、当事者本人、鑑定人）を法定の手続により取り調べて、そこから証拠資料（取り調べの結果）を得る行為をいいます。証拠調べを求める場合は、裁判所に対して当事者が取り調べを要求する申立をします。

控訴

第一審裁判所の判決に対して不服がある場合に第二審裁判所に対する上訴（不服申立《ふふくもうしたて》）をいいます。第一審裁判所が地方裁判所の場合は、第二審の高等裁判所へ控訴をします。

上告

控訴審（第二審）の判決に対して不服がある場合に第三審裁判所に対する上訴《じょうそ》（不服申立）をいいます。

(1) 文書（書証《しょしょう》）の内容
(2) 検証物《けんしょうぶつ》（例えば、場所の検証、物の検証）の検証結果
(3) 証人（原告と被告以外の第三者）の証言《しょうげん》
(4) 当事者本人（原告本人または被告本人）の陳述《ちんじゅつ》
(5) 鑑定人（その分野の特別の学識経験を有する者）の鑑定結果

（民事訴訟手続の詳細は本書の著者による『絶対に訴えてやる』（緑風出版）一一頁以下参照）

第二審裁判所が高等裁判所の場合は、第三審の最高裁判所へ上告をすることになりますが、上告をすることができる場合は、第二審判決に憲法違反のある場合その他の特別の上告理由がある場合に限られています。

民事裁判の上訴

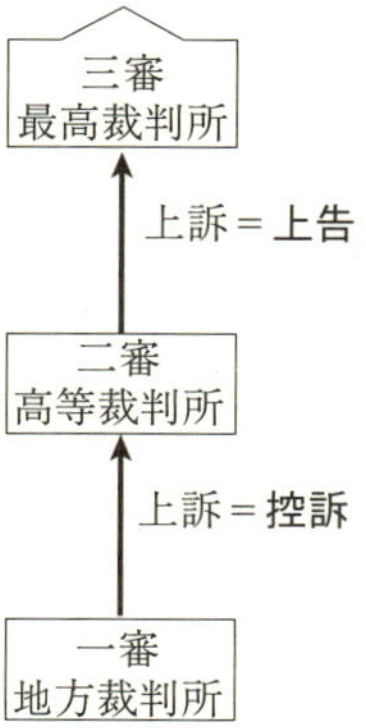

Q2 誤った裁判の温床となる原因には、何がありますか？

一審判決と二審判決が正反対の結論になる民事裁判が多いのですが、誤った裁判が日常的に発生する主な原因には、何がありますか？

誤った裁判の温床となる「自由心証主義」

裁判官が判断を誤る原因の一つとして自由心証主義《じゆうしんしょうしゅぎ》があります（詳細は第Ⅲ部）。自由心証主義とは、裁判官が事実認定《じじつにんてい》をするのに証拠の信用性の判断について規制を設《もう》けず、裁判官の自由な判断を許す主義をいいます（民事訴訟法《みんじそしょうほう》二四七条）。この主義が採用されていますから、自分の判決の結論に都合の悪い証拠は、何でも「信じられない！」といって排除《はいじょ》できるのです。例えば、証人Aと証人Bの各証言が正反対の内容であり、証人Aの証言が真実であっても、裁判官が「証人Aの証言は信じられない！　証人Bの証言には合理性《ごうりせい》がある」と思うと、結局は、誤った判決をすることになるのです。

自由心証主義は、裁判官の自由な判断を許す主義をいいますが、教科書的に言えば、自由心証主義といえども、決して裁判官の恣意的《しいてき》な自由勝手気儘《きまま》な判断を許すものではありません。しかし、自由心証主義は、裁判官の判断能力が高いという根拠《こんきょ》のない前提《ぜんてい》に立った制度ですから、必ずしも判断能力が高くない裁判官が多ければ誤った事実認定は、あとを絶たなくなるのです。

司法試験《しほうしけん》（裁判官・弁護士《べんごし》・検察官《けんさつかん》になるための試験）の基本書として使われている教科書（伊藤真・著『民事訴訟法』有斐閣）には、「近代以降は、社会関係が複雑化し、また裁判官の能力が向上したので、法定証拠主義は、かえって真実発見の妨《さまた》げとなるという認識が一般化し、自由心証主義が採用されるようになった」と説明していますが、果して「裁判官の能力が向上した」のか大いに疑問のあるところです。

「裁判官の能力が向上した」のなら、二〇〇九年（平成二十一年）から開始される殺人事件のような重大な刑事裁判に一般国民を裁判員として参加させる必要はないのですが、従来の裁判官の裁判が信用できないからこそ、一般国民の判断のほうが、よりマシと考えられたのです。

自由心証主義は、裁判官に対する信用が基礎になっていますから、信用できない裁判官がいると、裁判制度そのものが崩壊《ほうかい》することになります。まさに自由勝手気儘な判決が許される裁判制度になってしまうのです。

自由心証主義については重要ですから、第Ⅲ部で詳しく述べることにします。

文書の証拠（書証）の真偽の判断を誤る場合

文書の証拠のことを書証《しょしょう》といいますが、五種類の証拠の中では一般に最も重要な証拠となります。人間はウソをつきますから、一般に人間よりも文書のほうが信

法定証拠主義

証拠の評価について裁判官の自由な判断を許さず、法律上一定の拘束を設ける主義をいいます。例えば、ある種の事実は必ず一定の証拠方法（物的証拠や人的証拠）によって認定しなければならないとしたり、一定の証拠資料（証拠調べにより得た結果）があれば、必ず一定の事実を認定しなければならないとする場合があります。

書証

物的証拠である文書に記載された意味や思想を証拠資料（証拠調べにより得た結果）とするための証拠調べをいいます。文書の紙質や筆跡などを調べて証拠資料とする場合は検証となります。

用性が高いと考えられています。人間の供述《きょうじゅつ》を証拠とする場合には、証人尋問《しょうにんじんもん》と当事者本人尋問がありますが、これらの尋問をした場合には、速記録《そっきろく》をもとに尋問《じんもん》調書《ちょうしょ》を作成する必要があり、手間がかかりますから、一般に手間をかけたがらない裁判官としては証人尋問の申出や当事者本人尋問の申出があっても採用をしないことが多いのです。

しかし、各当事者から書証の提出があった場合は、提出そのものは制限をしませんが、その書証を証拠とするのかどうかは裁判官の自由心証主義によりますから、どんな確実な真実を証明する書証であっても、裁判官が「信じられない！」といえば、それまでです。

ただ、裁判官が、誤った判断をするという事実は、あなたが民事訴訟をした場合に敗訴《はいそ》するという意味ではありません。裁判官は、しばしば判断を誤るのですから、あなたに有利な証拠がなくても、偶然にあなたが勝訴《しょうそ》する場合もあるということです。

裁判官に証人の証言の真偽は分からない

有利な書証が存在しない場合には、一般に自分に有利な証言をしてもらえると考える証人の尋問を申し出ることになります。証人尋問の申出をする場合には、法律上は証人本人の承諾《しょうだく》をとる必要はありませんが、自分に有利な証言をしてもらいたいときには、証人尋問の申出の前に本人の承諾をとる場合もあります。

証人尋問

証明の対象となる事実について証人の体験した過去の事実を証言させて、その証言を証拠とする方法で行われる証拠調べをいいます。証人尋問の申出をする場合は、①証明すべき事実と②証人を特定し、③尋問事項の要点を記載した書面を裁判所に提出する必要があります。

尋問調書

証人尋問（証人に質問をして証言を証拠資料とする証拠調べ）や当事者本人尋問（原告本人や被告本人に質問をして供述を証拠資料とする証拠調べ）をした場合に、その内容を記録した書面をいいます。尋問調書の作成には速記官を配置したり録音テープを書面にしたりする手間がかかりますから、裁判所は尋問の申出を採用しないことが多いのです。

原告と被告の双方《そうほう》が自分に有利な証言をしてくれると考える証人の尋問の申出をしますので、裁判官にとっては、何が本当の証言かが分からないのです。証人の証言には、①ウソだと知ってウソの証言をする場合と、②客観的《きゃくかんてき》にはウソであっても証人にはウソという認識のない場合があります。証人自身も長時間の質問の中で質問の仕方によって異《こと》なる証言をする場合がありますから、裁判官は、結局、自分の結論に都合のよい部分のみを引用して判決をすることになります。これも自由心証主義の一つの場面で、能力不足の裁判官によって証人尋問は誤った判決の温床《おんしょう》になっています。

誤った裁判でも一件落着！

日本の裁判制度は、通常の民事訴訟では、一審《いっしん》が地方裁判所《ちほうさいばんじょ》、二審《にしん》が高等裁判所《こうとうさいばんじょ》、三審《さんしん》が最高裁判所《さいこうさいばんじょ》とされていますが、実際には、二審判決に憲法違反のような特別の理由のない限り、一審と二審の二回しか審理を受けられないのです。

例えば、ある土地がA所有の土地かB所有の土地かが争われた場合に、一審はA所有と判断し、二審ではB所有と判断した場合には、二審判決の通りに決まるのです。あとで勝った方がトクをする制度なのです。後日、真実はA所有の土地だということが分かっても、誤っている二審判決の通りに決まります。誤った裁判でも一件落着《いっけんらくちゃく》となるのです。

第Ⅳ部で紹介する「裁判員制度《さいばんいんせいど》」を作った理由については種々の意見があります

が、一言でいえば、従来《じゅうらい》の職業裁判官《しょくぎょうさいばんかん》の裁判が信用できないからなのです。従来の職業裁判官の裁判が、一般国民や弁護士から信用されておれば、裁判制度の革命ともなる裁判員制度は不要なのです。本来であれば、裁判員制度を作る前に職業裁判官の「信用」を取り戻すことが先決だったのです。

三権分立は教科書の中だけ?

中学校の教科書にも、司法《しほう》（裁判所）、行政《ぎょうせい》（内閣《ないかく》）、立法《りっぽう》（国会）の三権分立《さんけんぶんりつ》の制度が書かれており、司法権《しほうけん》は、三権分立（権力分散《けんりょくぶんさん》）の制度により人権保障《じんけんほしょう》の役割を果たしていることになっています。

しかし、多くの論者から、いまや日本の司法権は、行政の防波堤《ぼうはてい》に成り果てているといわれています。特に行政機関を被告とする地方自治法《ちほうじちほう》に規定する住民訴訟《じゅうみんそしょう》や国家賠償請求訴訟《こっかばいしょうせいきゅうそしょう》の分野においては、行政機関のポチに成り果てていると言われています。この実態も、「結論先にありき」の誤った裁判の温床となる原因になっています。

三権分立の制度

国家権力《こっかけんりょく》の濫用《らんよう》を防ぎ、国民の権利自由を確保するため国家権力を分散して異なった機関に担当させて、それらの機関相互間《そうごかん》で抑制《よくせい》と均衡《きんこう》の作用を営ませる制度をいいます。普通は司法・行政・立法に権力を分散するので三権分立といいます。

三権分立

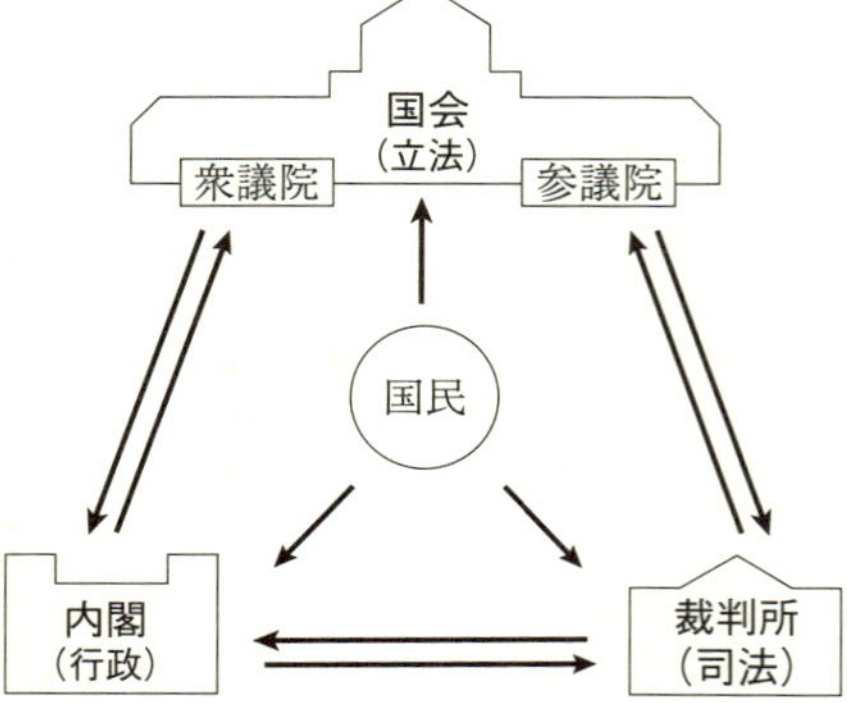

Q3 裁判所は、本来の役割を果たしているのですか？

憲法では、司法権・行政権・立法権の三権分立の制度をとっていますが、司法権は、十分に機能しているのですか？　完全に独立は保たれているのでしょうか？

裁判所は単なる体制維持装置か

日本国憲法《にほんこくけんぽう》に規定《きてい》する司法権《しほうけん》（裁判所）・行政権《ぎょうせいけん》（内閣）・立法権《りっぽうけん》（国会）の三権分立の目的は、権力の分散《ぶんさん》・抑制《よくせい》・均衡《きんこう》を図って人権保障《じんけんほしょう》の目的を達成《たっせい》することにあるとされていますが、実際には、裁判所は、行政権に従属《じゅうぞく》したものとなっています。

例えば、国や自治体を被告《ひこく》とする国家賠償請求訴訟《こっかばいしょうせいきゅうそしょう》や自治体の長（知事《ちじ》、市町村長）を被告とする地方自治法《ちほうじちほう》に規定する住民訴訟《じゅうみんそしょう》の現実を見ると、裁判所が人権保障の機関ではなく、単なる体制維持装置《たいせいいじそうち》になっていることが明白《めいはく》です。

世界の独裁国家《どくさいこっか》でも、体制維持装置としての裁判所を有していますから、そもそも、裁判所制度があっても直ちに人権保障の機関とはなり得ないのです。ただ、体制維持とは無関係の交通事故の損害賠償請求《そんがいばいしょうせいきゅう》では、あなたが勝訴《しょうそ》することもあり得るだけなのです。もちろん、ごく少数の良心的な裁判官のいることは否定しませんが。

近代の裁判制度は人権保障の制度ですが、江戸時代にも町奉行《まちぶぎょう》のお白州の裁判があり、古代にも裁判制度はあったように、国家は何らかの紛争解決《ふんそうかいけつ》のために制度を必要としたのです。

かつての裁判は正義や人権よりも単なる事件解決のための道具だったのですが、現在においても、民事裁判では、この傾向を否定することはできません。裁判官は、判決が正しいか誤っているかよりも、判決を出せば紛争は解決すると考えているようです。

「裁量権」は裁判官の印籠か？

第Ⅱ部Q11の実例のように自治体が漁業補償名目《ぎょぎょうほしょうめいもく》や補助金《ほじょきん》名目で必要のない多額の公金《こうきん》を違法《いほう》に支出《ししゅつ》した場合は、地方自治法に規定する住民訴訟の制度によって公金支出の責任者である知事・市町村長らに対して支出金の返還請求《へんかんせいきゅう》をする訴訟が全国的に多数提起《ていき》されていますが、裁判官は一般に行政側のカタを持ち、原告住民を敗訴させる裁判官の常套手段《じょうとうしゅだん》として「裁量権《さいりょうけん》」という印籠《いんろう》を持ち出します。水《み》戸黄門《とこうもん》の印籠のように裁判官が「行政の裁量権だ！」という理屈《りくつ》を持ち出すと、どんな証拠や主張も一切通らないのです。

裁量権とは、大臣《だいじん》・知事《ちじ》・市町村長のような行政機関が行う一定の範囲内の行政行為は自由にできる権限があるという理屈をいいます。戦前からの御用学者《ごようがくしゃ》が考

裁量権

行政庁《ぎょうせいちょう》（自治体や国のような行政主体のために意思決定を行う権限を有する知事・市町村長・大臣のような行政機関）は、一定の範囲内で自由に処分をすることができる権利があるとする理論をいいます。ただ、裁量権の範囲を超え、または裁量権の濫用があった場合は裁判所はその処分を取り消すことができるとされています（行政事件訴訟法第三〇条）。

えついた行政側に都合のよい理屈ですが、この理屈によると「裁量権」の範囲内の行為は違法とならないとするのです。

裁判官が、この行政の裁量権という印籠を持ち出すと、原告住民は行政側に勝訴することはできなくなります。

Q4 誤判決が多いと弁護士は、やる気をなくすのではありませんか？

弁護士は仕事とはいえ、誤った判決が多いと、やる気をなくしてしまうのではありませんか？　住民訴訟などを引き受けない弁護士さんもいるって本当ですか？

弁護士のやる気をなくす裁判官

一般に人間は努力すればそれなりに成果《せいか》が上がると信じられていますし、その通りになることも多いものです。例えば、受験生《じゅけんせい》が努力すれば志望校《しぼうこう》に入学できたり資格試験《しかくしけん》に合格《ごうかく》する可能性が高くなるものです。

ところが、弁護士《べんごし》の仕事は違うのです。いくら努力《どりょく》して書面を作成しても、裁判官が読まなかったり、たとえ読んだとしても、裁判官は、弁護士の見解《けんかい》について「独自《どくじ》の見解」に過ぎないとして斬《き》り捨て御免《ごめん》の判決をする場合があります。所詮《しょせん》、裁判の結論は、他人が勝手に決めるのですから、弁護士の努力が裁判の結果に生かされるとは限らないのです。裁判官は、弁護士の見解を「独自の見解に過ぎない」と言って片づけると一件落着《いっけんらくちゃく》ですが、弁護士にとっては虚《むな》しさだけが残ります。このような変な裁判官に当たると、本来、司法の一翼《いちよく》を担《にな》う弁護士は、やる気をなくしてしまうのです。

行政事件訴訟は引き受けたくない

知事や市町村長のような行政機関《ぎょうせいきかん》を被告とする地方自治法に規定する住民訴訟や国を被告とする国家賠償請求訴訟《こっかばいしょうせいきゅうそしょう》のような行政事件訴訟《ぎょうせいじけんそしょう》を提起《ていき》する場合では、原《げん》告《こく》住民が、ほぼ一〇〇%負けることが分かっていますから、訴訟代理人《そしょうだいりにん》を引き受けてくれる弁護士はほとんどいません。

弁護士報酬《ほうしゅう》の仕組みは、現在は自由とされているものの、従来の仕組みでは、訴訟代理人を引き受けた時点で全部勝訴《しょうそ》をした場合の報酬額の三分の一を受領《じゅりょう》し、勝訴した場合に残りの三分の二を受領することになっていましたが、現在もおおむねこれに従っています。

この仕組みのもとでは、住民訴訟のような行政事件訴訟の訴訟代理人は、よほど正義感《せいぎかん》の強い弁護士でないと引き受けてくれないのです。弁護士資格を独占《どくせん》しているのに、引き受けないのは、医師が診療《しんりょう》の承諾義務《しょうだくぎむ》があるのに比べて、おかしいという議論はありますが、現実は、ほとんど引き受けないのです。

弁護士にも、もちろん言い分はあります。一審・二審で勝訴した住民訴訟を三審の最高裁が「裁量権」を持ち出して原告住民の敗訴を言い渡した場合の裁判官に対する怒りやむなしさはかり知れないものがあります。第Ⅱ部Q11の実例の住民訴訟は、筆者の体験した裁判官の印籠《いんろう》「裁量権」を持ち出して筆者を敗訴させた事例です。

行政事件訴訟

行政庁（知事・市町村長・大臣のような行政機関）の処分の取消の訴え、行政不服審査法《ぎょうせいふふくしんさほう》にもとづく行政庁の処分に対する不服申立（異議申立や審査請求）についての決定や裁決の取消の訴え、行政庁の処分などの効力の無効等確認の訴え、地方自治法に規定する住民訴訟その他の行政機関を被告とする行政事件訴訟法に規定する訴訟をいいます。

住民訴訟

地方自治法第二四二条に規定する住民監査請求《じゅうみんかんさせいきゅう》をした者が監査結果に不服がある場合に住民監査請求の対象とした「違法な」公金支出のような財務会計行為などについて損害の補塡《ほてん》、行為の差し止めなどを求めて提起する地方自治法第二四二条の二に規定する特別の訴訟をいいます。

弁護士をむなしくさせる裁判官

もともと弁護士の仕事は、むなしいものなのです。三日もかかって書いた書面を裁判官は読んだのか読まないのか分からないし、読んだとしても、裁判官は、「初めに結論ありき」で、弁護士の見解を「独自の見解」だと言って排除《はいじょ》し、すでに自分の結論を出していますから、裁判官の見解に合致《がっち》しない部分は無視するのです。どんな確実な真実の証拠を提出しても、裁判官が「信じられない！」といえば、それまでなのです。

弁護士の仕事の性質は、その努力がむくわれない仕事なのです。弁護士本人の努力とは無関係の第三者である裁判官が結論を決めてしまうのですから、こんなむなしい仕事もないのです。弁護士への依頼者《いらいしゃ》が一〇〇％の勝訴を確信していた訴訟で、たとえ敗訴《はいそ》しても、むやみに依頼した弁護士を非難《ひなん》することはオカドちがいで、裁判官の無能《むのう》さを非難すべきものなのです。

弁護士は三百代言か

弁護士のことを「三百代言《さんびゃくだいげん》」といって非難する人がいますが、この非難もオカドちがいと思われます。「三百代言」とは、広辞苑《こうじえん》（岩波書店発行）によると、「①明治前期、代言人《だいげんにん》の資格がなくて他人の訴訟《そしょう》や談判《だんぱん》を引き受けた者。また、弁護士の蔑称《べっしょう》。②転じて、詭弁《きべん》を弄《ろう》すること。また、その人」をいいます。

住民訴訟の前提となる住民監査請求とは、自治体（都道府県や市町村）の執行機関《しっこうきかん》（知事、市町村長、教育委員会、監査委員その他）や職員の「違法または不当な」公金支出その他の財務会計行為などについて、住民が監査委員に対して、その行為の是正・防止・損害の補塡のために必要な措置を求める制度をいいます（詳細は、本書の著者による『ひとりでできる行政監視マニュアル』（緑風出版）七三頁以下参照）。

ひとりでできる行政監視マニュアル
矢野輝雄 著
税金の無駄使いは
監視して止めさせよう！

国家賠償請求訴訟

①自治体や国の公権力《こうけんりょく》の行使《こうし》（私

しかし、弁護士の仕事は、「相手方の主張することは、すべて間違いであり、自分の主張が正しい」と主張し立証するのが仕事ですから、相手方の弁護士の主張の書面を見て、「三百代言」と非難するのは間違いです。

斬り捨て御免の「例文判決」

次のQ5に詳述《しょうじゅつ》する最高裁判所の悪名《あくめい》高い「例文判決《れいぶんはんけつ》」というものがありますが、例文判決の一つの特徴は、裁判官に都合の悪い当事者の見解を「独自の見解に過ぎない」と言って斬り捨て御免にする判決にあります。この手法は、一審・二審でも悪用されて、裁判官の見解に合致しない当事者の見解は「独自の見解に過ぎない」と言って斬り捨て御免にして無視するのです。

このような最高裁の例文判決は、日常的に大量に出されていますから、良心的な弁護士は、やる気をなくすのです。最高裁は、悪名高い例文判決を改めようともしません。裁判官は、自分の見解に合致しない他人の見解をすべて「独自の見解」と決めつけたり無視することもできるのですから、楽な商売と言わざるを得ません。

多くの裁判官は、超多忙《たぼう》で日常的に仕事を自宅に持ち帰ったり日曜も仕事をしているという意見もありますが、そのように人手不足《ひとでぶそく》なら人員増の要求を強力に進めて行き国民に労働実態《ろうどうじったい》を明らかにして国民の理解を求めて行く必要がありますが、そのような切実な要求にもとづく予算が否決《ひけつ》されたという話は聞いたことがあ

人に対し命令し強制する権限の行使）に当たる公務員が、その職務を行うについて、故意《こい》または過失《かしつ》によって違法に他人に損害を加えた場合と、②自治体や国の道路・河川その他の公の施設の設置や管理の瑕疵《かし》（欠陥《けっかん》）によって損害を受けた場合に、自治体や国に対して損害賠償請求をする訴訟をいいます。国家賠償請求訴訟の対象となる場合は、国家賠償法第一条と第二条に規定されています（詳細は、本書の著者による『公務員の個人責任を追及する法』（緑風出版）一四九頁以下参照）。

公務員の個人責任を追及する法
矢野輝雄 著
公務員の犯罪行為を
許さない!!
緑風出版

りません。裁判官の仕事は、誤った判決をしても責任を問われない楽な仕事なのです。刑事裁判《けいじさいばん》でも無実《むじつ》の人を有罪《ゆうざい》にした冤罪事件《えんざいじけん》は数知れず存在するほか、刑事裁判の「有罪率九九・九%」という数字こそが冤罪の証拠だという人もいます。

ただ、私見では、刑事裁判は、検察官《けんさつかん》が、原則として犯人本人の自白《じはく》があり有罪にできる確実な証拠があると思ったものに限って起訴《きそ》（公判請求《こうはんせいきゅう》）をしますから、民事裁判に比べて、誤判率《ごはんりつ》は少ないと思います。もちろん「少ない」だけでは困るので、誤判率を減少させるために一般国民から選ばれた「裁判員」を刑事裁判に参加させる裁判員制度を実施しようとしているのです。ただ、職業裁判官の制度を変えずに裁判員を参加させたからといって、犯人への刑罰《けいばつ》を重くするような変更はあっても、誤判率の改善《かいぜん》は望めないのではないでしょうか。

裁判官はエライのか？

裁判官が誤った判決を平気で出す原因の一つに裁判官自身が「自分はエライんだ！」と誤解している点があると思われます。法廷《ほうてい》の構造をテレビの映像でしか見たことがない人には分かりにくいと思いますが、裁判官は、何十センチも高い壇《だん》の上に座っていて、原告・被告・書記官らを見下《みお》ろすような法廷の構造にしています。この裁判官の座っている壇の高さは筆者は計ったことがありませんから、正確な高さは知りませんが、当事者（原告と被告）の席からは見上げるような構造にしています。この壇の高さが裁判官の「自分はエライんだ！」という意識を生んでいると思われます。聞くところによると、明治時代の裁判所の刑事事件では、裁判官と検察官の席は壇の上にあり弁護士の席は壇の下にあって弁護士は屈辱《くつじょく》に感じていたといいます。このことは単なる席の高さの問題ではなく、裁判官の意識にかかわる重大な問題だと思われます。

更に、裁判官は、黒い特殊《とくしゅ》な形をした法服《ほうふく》を着ていますが、なぜ、黒なのかについては威厳《いげん》があるという説があるように、当事者席から見ると「威張《いば》る」「威嚇《いかく》する」ように見えるのです。日本の裁判制度は一〇〇年を超える歴史をもつというのに、弁護士は、この法廷の構造に異を唱えたのかどうか知りませんが、裁判官自身が「自分はエライんだ！」と誤解し誤った判決を出し続ける態度を改善するには、法廷の構造の変革《へんかく》は必須《ひっす》のことと思われます。

法服

Q5 最高裁判所の悪名高い「例文判決」とは、どんなものですか？

最高裁判所が多用するという切り捨て御免の「例文判決」とは、どんなもので、何が問題となっているのですか？　実際、そんな判決が多いのでしょうか？

最高裁判所の悪名高い「例文判決」とは

最高裁判所の判決には、悪名高い《あくめいたか》「例文判決《れいぶんはんけつ》」というのがあります。例文判決とは、判決書に詳しい判決理由も書かずに、いくつかのパターン（例文）の中から定型的な判決をしたものを言います。その典型例《てんけいれい》を判例時報一五〇八号の位野木益雄《いのきますお》弁護士の体験した判決からみると、その「判決理由の全文」は次のようになっていました。

「理由　上告代理人《じょうこくだいりにん》らの上告理由について
所論《しょろん》の点に関する原審《げんしん》の認定判断《にんていはんだん》は、原判決挙示《げんはんけつきょじ》の証拠関係に照らし、正当として是認《ぜにん》することができ、その過程に所論の違法はない。論旨《ろんし》は、原審《げんしん》の専権《せんけん》に属する証拠の取捨判断《しゅしゃはんだん》、事実の認定を非難するか、又は独自の見解に立って原判決を論難するものにすぎず、採用することができない。よって、民訴法四〇一条、九五条、八九条、九三条に従い、裁判官全員一致の意見で、主文のとおり判決する」

最高裁判所

裁判所の種類には、地方裁判所、簡易《かんい》裁判所、家庭裁判所、高等裁判所、最高裁判所の五種類がありますが、最高裁判所は憲法に規定された司法権の最高機関をいいます。最高裁判所は、長である裁判官（最高裁判所長官）と一四人の裁判官（最高裁判所判事）で構成されます。最高裁判所の審理は、小法廷《しょうほうてい》（五人の裁判官の合議体）または大法廷《だいほうてい》（全員の合議体《ごうぎたい》）で審理され、一切の法律・命令・規則または処分が憲法に

最高裁判所の切り捨て御免の理由のない判決

この例文判決に対して、位野木益雄弁護士は、次のように述べています。

「この文章は、要するに原判決には違法《いほう》の点はなく上告は理由がないという結論を述べているだけで、その他の文言《もんげん》は民訴法《みんそほう》引用の部分を除き、全く見当違いの無用の抽象的《ちゅうしょうてき》な修飾語《しゅうしょくご》を羅列《られつ》したものにすぎず、何ら上告理由に対する判断の理由を述べたものということはできない。すなわち、この判決は、単に結論を述べただけで、何ら理由の付せられていない判決といわざるを得ない」

上の例文判決にもある「独自の見解」という言い方の恐怖は、裁判官は、自分の見解以外は、すべて「独自の見解」という言い方によって切り捨てることができるということです。裁判官は、自分の見解と異なる見解は、すべて「独自の見解」だとするならば、裁判制度そのものが機能しないことになります。

裁判官でもある井上薫《かおる》氏も、その著書『判決理由の過不足《かぶそく》』の中で、「ここでいう『独自の見解』とは、『誰も同調者《どうちょうしゃ》のいない天下の異説《いせつ》』と解するのが字義《じぎ》にかなう。社会的には、『箸《はし》にも棒《ぼう》にもかからない採るに足らぬ世迷《よまよ》い言《ごと》』と同義《どうぎ》である。（中略）『独自の見解』とは、法曹実務家《ほうそうじつむか》に対する礼を失《しっ》するニュアンスを含んでおり、よほどのことのない限り、国家の意思表示たる判決の中で用いるべき文言ではない」と述べています。

元東京地方裁判所所長の長谷川茂吉氏も、「最高裁判決の権威《けんい》とはなにか」（判例

適合するか否かを決定する権限を有する終審《しゅうしん》裁判所とされています。

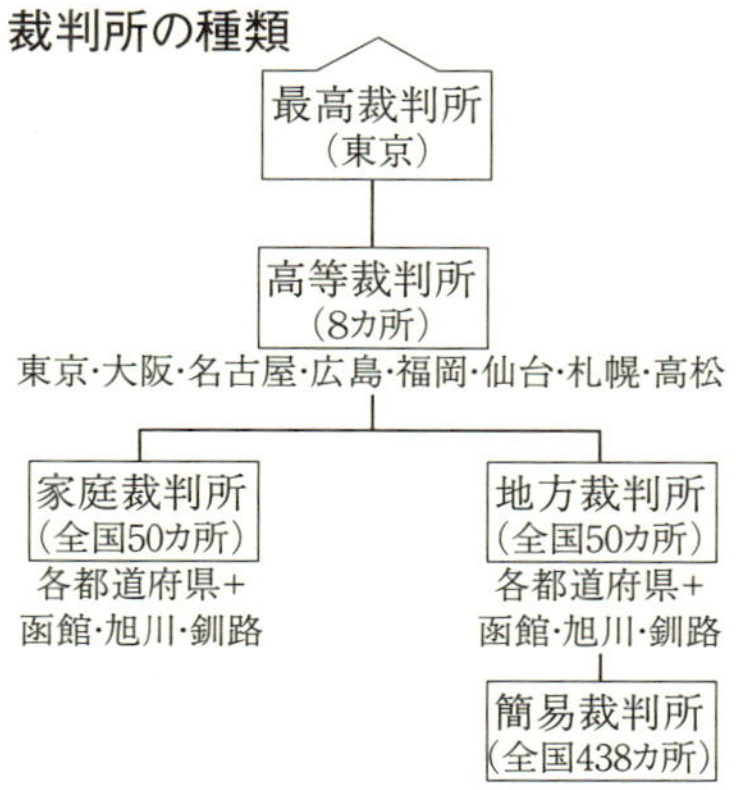

上告理由

上告審（二審が高等裁判所の場合は最高裁判所での三審）が原判決（二審判決）を破棄《はき》する必要があるとする理由をいいます。民事訴訟法第三一二条では、上告は、二審判決に憲法の解釈の誤りがあることその

時報九八七号）の論文で「最近、私の関係した事件で例の例文判決で処理されたものが二、三あり、そのいずれもがきわめて不親切《ふしんせつ》な判決で、これでは切り捨てご免の判決というのほかなく、到底《とうてい》当事者を納得させえないのではないかと思われる案件に遭遇《そうぐう》した」として斬り捨て御免の「例文判決」を非難《ひなん》しているのです。

最高裁判所の悪名高い「例文判決」に非難が集中しているにもかかわらず、最高裁判所は一向《いっこう》に改めようともしないのです。法曹界《ほうそうかい》でも、この最高裁判所の例文判決には、サジを投げたように思われます。最高裁判所は、なにをやっても、すべて「正しい」と思っているようです。そのうえ最高裁判所の判決は、どんな無茶苦茶の判決でも、それを正す方法は存在しないのです。

他憲法の違反があること、二審判決に理由を付せずまたは理由に食い違いがあることなどを理由とする場合に限り、することができます。上告をする場合には、上告状のほかに上告理由書《じょうこくりゆうしょ》を提出する必要があります。

Q6 刑事裁判の仕組みと手続の流れは、どうなっているのですか？

刑事裁判の仕組みと手続の流れは、民事裁判の場合とは、どのように違っているのですか？　刑事裁判の流れを教えてください。

刑事裁判の仕組みと民事裁判の仕組みとは、全く異なる

刑事裁判《けいじさいばん》の仕組みと民事裁判の仕組みとは、全く異《こと》なります。民事裁判の仕組みは、Q1で説明した通り、誰でも原告となって裁判所に訴えを提起することができますが、刑事裁判では、たとえ、あなたが犯罪の被害者《ひがいしゃ》であったとしても、犯人を処罰《しょばつ》するために裁判所に訴えを提起《ていき》することはできないのです。犯人を処罰するために裁判所に訴えること（起訴《きそ》すること）ができるのは、検察官《けんさつかん》（公益《こうえき》の代表者として刑事事件の起訴を主な任務《にんむ》とする公務員）に限られているのです。検察官だけが裁判所に起訴（公訴《こうそ》の提起）をすることができる原則を「検察官の起訴独占主義《きそどくせんしゅぎ》」といいます。

刑事裁判では、公益の代表者である検察官が、罪を犯した疑いのある者を裁判所に起訴（公訴の提起）をして、有罪《ゆうざい》か無罪《むざい》か、また、有罪であれば、どのような刑罰《けいばつ》を科《か》するのかを裁判官が決めることになります、

刑事裁判
刑罰を科すかどうかが問題となる刑事手続の対象となる事件を審理する裁判をいいます。刑事裁判の手続は、刑事訴訟法や刑事訴訟規則に規定する手続により審理されます。

検察官
刑事事件について公益の代表者として犯罪の捜査や公訴の提起（起訴）を主な任務とする公務員をいいます。検察官の種類は、検察庁法第三条で、「検察官は、検事総長、次

例えば、あなたが見ず知らずの犯人からナイフで切り付けられて全治六カ月の傷害を受けた場合は、犯人の行為は、傷害罪《しょうがいざい》になりますが、犯人が逮捕《たいほ》されて検察官が起訴をした場合に刑事裁判が開始されます。刑事裁判では、検察官が原告《げんこく》のような立場に立って、被告人《ひこくにん》（犯人）の犯罪事実（起訴状に書かれた公訴事実）を立証することになります。被告人には弁護人《べんごにん》（弁護士）が付くことになります。

一方、犯人から受けた傷害の治療費《ちりょうひ》、休業《きゅうぎょう》したことによる損害《そんがい》、慰謝料《いしゃりょう》などの各種損害は、刑事事件とは無関係に犯人に対して民事裁判で損害賠償請求訴訟《そんがいばいしょうせいきゅうそしょう》を提起《ていき》することになります。もし仮に、刑事事件で犯人が無罪とされても、民事事件で原告の訴えが認められた場合は、損害賠償を受けることができます。

刑事裁判の仕組みの特色

(1) 刑事裁判は、検察官の公訴《こうそ》の提起《ていき》（裁判所への起訴状の提出）によって開始されますが、検察官という国家機関《こっかきかん》が起訴をすることから、これを「国家起訴独占主義」といいます。検察官以外の者は、起訴をすることはできないのです。

(2) 公訴の提起（起訴）をする権限《けんげん》は、国家機関である検察官が独占していますが、検察官は、犯罪の嫌疑《けんぎ》があっても、起訴をする必要がないと判断した場合には起訴をしないこと（不起訴処分《ふきそしょぶん》）にすることができます。これを「起訴便宜主義《べんぎしゅぎ》」とか「起訴裁量主義《さいりょうしゅぎ》」といいます。起訴便宜主義（起訴裁量主義）について、刑事訴訟法第二四八条は、「犯人の性格、年齢及び境遇《きょうぐう》、犯罪の軽《けい》

長検事、検事長、検事及び副検事とする」と規定しています。

検察官の起訴独占主義

刑事事件について起訴（公訴の提起）をすることのできる権限を検察官だけが独占していることをいいます。刑事訴訟法第二四七条は、「公訴は、検察官がこれを行う」と規定しています。検察官という国家機関だけが起訴をすることができるので「国家起訴独占主義」ともいいます。

公訴事実

起訴状に記載された犯罪事実をいいます。起訴（公訴の提起）の対象とされた具体的な事実をいいます。

慰謝料

精神的苦痛や肉体的苦痛に対する精神的損害に対する賠償金をいいま

重《じゅう》及び情状《じょうじょう》並びに犯罪後の情況により訴追《そつい》を必要としないときは、公訴を提起しないことができる」と規定しています。

検察官が起訴する権限を濫用《らんよう》して告訴人または告発人の告訴や告発を「不起訴」の処分にした場合は、告訴人や告発人は、不起訴処分の当否《とうひ》の審査を検察審査会に申し立てることができます。ただ、この制度は、十分に機能しておらず、申立が認められる場合は、ほとんどありません。

(3) 公務員の職権濫用罪《しょくけんらんようざい》その他の一定の公務員の犯罪について告訴や告発をしたのに、検察官が不起訴処分にした場合は、これに不服のある告訴人や告発人は、直接、裁判所に対してその事件を審判に付することを請求することができます。この制度を「付審判請求《ふしんぱんせいきゅう》」とか「準起訴手続《じゅんきそてつづき》」といいます。公務員同士の身内の庇い合いに対処する制度です（本書の著者による『公務員の個人責任を追及する法』（緑風出版）一〇五頁以下参照）。

(4) 公判期日について民事裁判では第一回口頭弁論《こうとうべんろん》期日のように言いますが、刑事裁判では第一回公判期日といいます。法廷の配置は、おおむね次頁の図のようになっています（裁判官は一人制の場合は、裁判長席となります）。

(5) 事実の認定は、「厳格《げんかく》な証明」による必要があります。「厳格な証明」とは、証拠能力のある証拠による適法な証拠調べを経た証拠による証明方法をいいます。刑事訴訟法第三一七条は、「事実の認定は、証拠による」と規定して、一見すると自明のことを規定しているように思われますが、実は、厳格な証

す。

起訴便宜主義（起訴裁量主義）

犯罪が成立し有罪判決を得られるだけの証拠があっても、犯人の性格、年齢、境遇、犯罪の軽重、情状、犯罪後の情況を考慮して、検察官が訴追の必要がないと判断した場合に、起訴猶予（不起訴処分の一つ）とすることができる権限を検察官に付与する主義をいいます。この権限が濫用されて検察官の恣意的な権限行使があった場合は、刑事司法は機能しなくなります。

検察審査会

衆議院議員の選挙権を有する者の選挙人名簿の中からクジで選ばれた一一名の検察審査員が、検察官の不起訴処分の当否を審査する制度をいいます。検察審査会の結論に検察官

明による必要があることを規定しているのです。厳格な証明によらない証明のことは、「自由な証明」といいます。

(6) 違法に収集された証拠は、証拠能力がありません。

① 強制・拷問《ごうもん》・脅迫《きょうはく》による自白、不当に長く抑留《よくりゅう》・拘禁《こうきん》された後の自白その他の任意にされたものでない疑いのある自白は、証拠とすることはできません。これを自白法則といいます。このような自白には証拠能力がないのです。

② 被告人は、公判廷《こうはんてい》における自白であると否とを問わず、その自白が自己に不利益《ふりえき》な唯一の証拠である場合には有罪とされません。

(7) いわゆる「また聞き」の証拠は証拠とすることはできません。これを伝聞法則《でんぶんほうそく》といいます。法廷外における他の者の供述《きょうじゅつ》を内容とする供述を証拠とすることはできないのです。

(8) 刑事裁判の原則は、「疑《うたが》わしきは、被告人の利益に」の原則によりますから、有罪となるべき犯罪事

法廷の配置

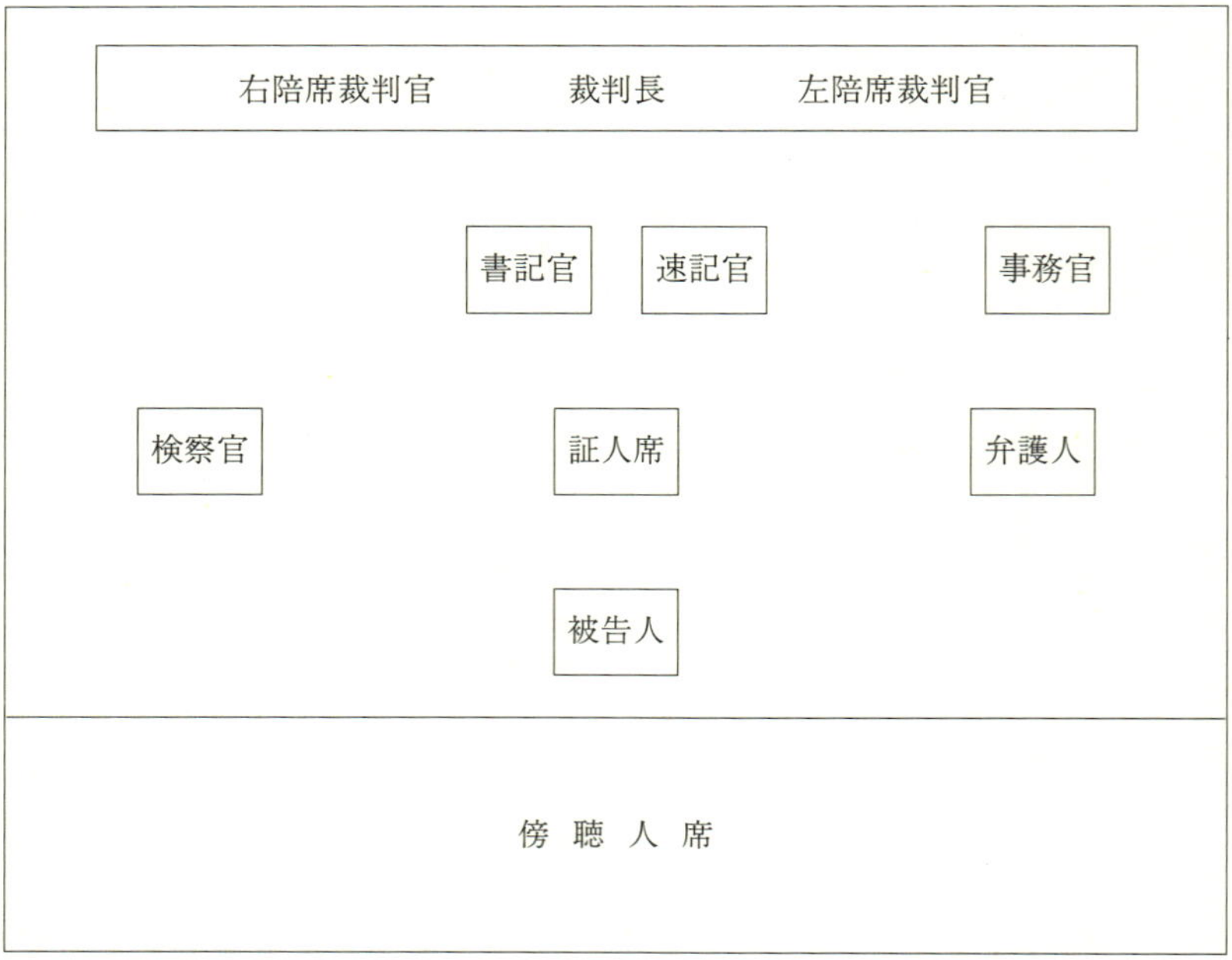

実は、すべて検察官が立証責任《りっしょうせきにん》（証明責任）を負います。

刑事裁判の手続の流れは、こうなる

刑事裁判の手続の流れは、大別すると、(1)刑事裁判の開始前の法廷外の手続（例えば、起訴状の提出、起訴状謄本の被告人への送達、国選《こくせん》弁護人の選任、被告人の召喚《しょうかん》）と、(2)法廷での手続（①冒頭手続、②証拠調べ手続、③弁論手続、④判決の宣告）とに分けられます。

(1) 刑事裁判開始前の法廷外の手続の流れは、次のようになります。

① 検察官による公訴の提起（起訴状を裁判所へ提出）
←
② 裁判所から被告人へ起訴状謄本《とうほん》の送達
←
③ 国選弁護人の選任
←
④ 公判期日の指定（被告人の召喚《しょうかん》、検察官・弁護人への通知）

① 検察官は、公訴を提起する場合には「起訴状」という書面を裁判所に提出する必要があります。起訴状には、(a)被告人の氏名その他被告人を特定するに足りる事項、(b)公訴事実（犯罪事実）、(c)罪名など記載されます。

は法律的に拘束されないこととされています。

「疑わしきは、被告人の利益に」

刑事訴訟法上の原則で、公訴事実（犯罪事実）のすべてについて検察官が立証責任を負うという原則をいいます。「無罪推定の原則」ともいいます。「疑わしきは、罰せず」の法格言と同じ意味です。法律に明文の規定はありませんが、近代的な刑事裁判で共通して採用されている原則です。

国選弁護人

裁判所によって国の費用で選任される弁護人をいいます。憲法第三七条第三項は、「刑事被告人は、いかなる場合にも、資格を有する弁護人を依頼することができる。被告人が自らこれを依頼することができない

② 裁判所は、遅滞《ちたい》なく起訴状の謄本（全部の写し）を被告人に送達《そうたつ》（法定の方法で交付すること）する必要があります。

③ 裁判所は、遅滞なく被告人に対し弁護人を選任することができる旨や貧《ひん》困《こん》その他の事由で私選の弁護人を選任することができない場合は、国選弁護人の選任を請求することができる旨を通知する必要があります。

④ 裁判長は、公判期日を定めて、公判期日に被告人を召喚する必要があります。公判期日は、検察官や弁護人にも通知されます。

(2) 法廷での「冒頭手続」の手続の流れは、次のようになります。

① 裁判長から被告人に対する人定《じんてい》質問（人違いでないか確認する質問）
↓
② 検察官による起訴状の朗読《ろうどく》
↓
③ 裁判長から被告人に対する黙秘権《もくひけん》の告知
↓
④ 被告人と弁護人から被告事件についての陳述《ちんじゅつ》（罪状認否）

① 裁判長は、検察官の起訴状の朗読に先立ち、被告人に対し、その人違いでないことを確かめる質問をします。

② 検察官は、まず、起訴状を朗読する必要があります。

ときは、国でこれを附する」と規定しています。更に、刑事訴訟法第三六条は、「被告人が貧困その他の事由により弁護人を選任することができないときは、裁判所は、その請求により、被告人のため弁護人を附しなければならない。但し、被告人以外の者が選任した弁護人がある場合は、この限りでない。」と規定しています。

召喚

裁判所が被告人・証人・鑑定人のような対象者に対して一定の日時に裁判所その他の指定した場所に出頭することを命ずる強制的処分をいいます。被告人の召喚に際しては、少なくとも一二時間の猶予を置く必要があります。被告人が正当な理由がなく召喚に応じない場合は、被告人を勾引（一定の場所に強制的に連行

③　裁判長は、検察官の起訴状の朗読が終わった後、被告人に対し、終始沈《しゅうしちん》黙《もく》し、または個々の質問に対し陳述を拒むことができる旨を告知する必要があります。

④　裁判長は、被告人と弁護人に対し、被告事件について陳述する機会を与える必要があります。通常は、公訴事実（犯罪事実）の認否《にんぴ》（認めるか認めないか）を中心に行われます。一般に罪状認否と言われます。

(3)　法廷での「証拠調べ手続」の手続の流れは、次のようになります。

① 検察官からの冒頭陳述《ぼうとうちんじゅつ》（証拠により証明する事実を明らかにする）
↓
② 検察官による公訴事実（犯罪事実）の立証《りっしょう》
↓
③ 被告人・弁護人からの反証や情状に関する立証
↓
④ 被告人が任意に供述する場合の被告人への質問

①　検察官は、証拠調べの初めに証拠により証明すべき事実を明らかにする必要があります。これを冒頭陳述といいます。

②　検察官は、証拠調べを請求します。被告人や弁護人も証拠調べを請求することができます。検察官は、証拠書類・証人・証拠物その他により公訴

すること）することができます。

人定質問

刑事裁判の公判手続において、検察官の起訴状の朗読に先立って被告人に対して、その人違いでないことを確かめるためにする質問をいいます。証人や鑑定人のような被告人以外の者に対して、その尋問に先立って、その人違いでないことを確かめるためにする質問を「人定尋問」といいます。

黙秘権

何人も、自分に不利益な供述を拒否することができる権利をいいます。憲法第三八条第一項は、「何人も、自己に不利益な供述を強要されない」と規定しています。「自己負罪拒否特権」ともいいます。

事実を立証する必要があります。

③　被告人や弁護人も証拠調べを請求することができますから、反証《はんしょう》（検察官の提出した証拠の反対の証拠）や情状《じょうじょう》（公訴事実を否定するのではなく、刑の量定に当たって参酌される事情）に関する立証をします。

④　裁判長は、被告人が任意に供述する場合は被告人へ必要な質問をします。被告人は、本来、黙秘権や供述拒否権を有しますから、その意思に反して供述する必要はありません。

(4)　法廷での「弁論手続」の手続の流れは、次のようになります。

①　検察官からの弁論と求刑《きゅうけい》（事実と法律の適用についての意見の陳述）
←
②　弁護人からの弁論《べんろん》（意見の陳述）
←
③　被告人からの最終陳述（意見の陳述）
←
④　弁論の終結

①　検察官は、証拠調べが終わった後、事実と法律の適用について意見を陳述する必要があります。これを検察官の論告《ろんこく》・求刑といいます。

②　弁護人は、証拠調べが終わった後、意見を陳述することができます。こ

冒頭陳述

検察官が、証拠調べ手続の初めに、証拠によって証明すべき事実を明らかにすることをいいます。冒頭陳述では、証拠とすることができず、または証拠としてその取り調べを請求する意思のない資料にもとづいて、裁判所に事件について偏見または予断を生じさせるおそれのある事項を述べることはできないとされています。

れを弁護人の弁論といいます。

③　被告人は、証拠調べが終わった後、意見を陳述することができます。これを被告人の最終陳述といいます。

④　裁判長は、弁論を終結し、判決言い渡し期日を指定します。

(5)　その他の手続

①　判決の宣告については、判決は、公判廷において、宣告により告知することとされています。宣告は、裁判長が、主文《しゅぶん》（判決の結論部分）と理由（主文の結論に至った理由）を朗読して行います。

②　二〇〇五年（平成一七年）十一月から裁判所が検察官・被告人・弁護人の意見を聴いて必要と認めた場合に限り「公判前整理手続《こうはんまえせいりてつづき》」の制度が適用されることになりました。この制度を適用する場合は、検察官は、証明することを予定している事項を記載した書面を提出して、証拠を開示《かいじ》（事前にみせる）することになります。弁護人は、検察官に更に開示を求めて弁護人の主張を明示します。裁判所・検察官・弁護人の三者によって争点（主張に争いのある点）と証拠を確認して公判の日程を調整します。この制度の実施により、刑事裁判のスピードアップを図るとともに充実した審理を行うことを目的としています。

プロブレムQ&A

Ⅱ あきれる裁判の実例集

Q 7 登記所の地図にある土地が消えてなくなった事件とは、どんな事件ですか？

登記所に備え付けている公図《こうず》（地図）にある土地がなくなった事件の裁判とは、どんな裁判ですか？　実際、本当にそんなことがあるのでしょうか？

「私の土地が無くなった!?」事件のあらまし

岡山県の寄島町《よりしまちょう》（現在は浅口市《あさくち》）は、一九七七年（昭和五十二年）二月に寄島町立中学校の運動場の土地として町内のAさんから七筆《ななひつ》（七個の土地の意味で土地の個数は一筆《いっぴつ》、二筆《にひつ》のように数えます）の土地四七〇〇平米《へいべい》を借りていましたが、一九九一年（平成三年）に賃貸借《ちんたいしゃく》期間が終了した時に七筆の中の二筆の土地について、寄島町は、突然、「国から譲《ゆず》り受けたから寄島町の土地である」と言って返還《へんかん》しませんでした。

なぜ、寄島町は、借りた土地を返還しなかったのかを調査したところ、寄島町は、Aさんから借りた直後の一九七七年八月に地番《ちばん》のない国有地《こくゆうち》（国有水路）がAさんの土地に隣接《りんせつ》して存在するという虚偽《きょぎ》の内容の図面《ずめん》を作成して岡山県知事に用途廃止申請（国から払い下げを受ける手続）をし、岡山県職員も国の職員も虚偽の図面についての登記所《とうきじょ》での公図《こうず》（地図）の調査を怠《おこた》り、寄島町に払い下げをしてしま

公図

一九五〇年（昭和二五年）に土地台帳の事務が登記所（法務局の一部門）に移管されたことにより旧土地台帳法施行細則によって土地台帳の付属の地図として登記所に備え付けられた地図をいいます。国土調査法による地籍調査が終了した地区については不動産登記法に定める正確な地図が登記所に備付けられていますが、国土調査をしていない地域については公図しかありません。公図は、国土調査の成果の地図のような縮尺

っていたのです。

Aさんは、寄島町が自分の借りた二筆の土地を返還しなかったので、七筆全部の原状回復《げんじょうかいふく》（もとの状態に戻すこと）を求めて民事訴訟を提起《ていき》しました。これに対して、寄島町は、七筆の中の二筆の土地は、寄島町の土地であるとしてAさんを被告として所有権が寄島町にあることの確認を求める民事訴訟を提起しました。

一審は、寄島町職員の虚偽図面の作成その他の数々の違法行為《いほうこうい》を認めてAさんの勝訴《しょうそ》となりました。ところが、二審（控訴審）判決は、Aさんの主張をことごとくしりぞけて寄島町の勝訴となりました。三審（上告審）は憲法問題その他の上告事由が存在しないため、結局、Aさんの敗訴のままで判決は確定しました。

日本の裁判制度は三審制だと教科書には書かれていますが、実務上《じつむじょう》は、二審制で、あとで勝った者がトクをする制度になっているのです。二審（控訴審）の判決の間違いが正されることはまれです。この事件では、裁判官は、Aさんか寄島町かのいずれかを勝たせればよいだけで、その判決内容が真実かどうかは無関係なのです。

この事件は判決の確定でも一件落着とならなかった

この事件は、これで一件落着とはならず、寄島町は、登記所の公図にもない虚偽の国有水路《こくゆうすいろ》と称《しょう》する土地が自分の土地だとする勝訴判決を得たにもかかわらず、土地の所有権取得《しょゆうけんしゅとく》の登記が不可能になってしまいました。寄島町が登記官《とうきかん》（法務局

や形状の正確性はありませんが、土地の形状については、ほぼ正確に記載されています。公図には、土地の形状のほか地番が記載されています。地番のない土地（所有者のいない土地）は国有地とされています。登記所の公図その他の地図は、登記所で永久保存とされています。

用途廃止申請

無番地の（登記所の公図に地番の記載のない）国有農道や国有水路（かつて法定外公共物と呼んでいました）が農道や水路としての用途に供されなくなった場合には、その国有農道や国有水路を管理していた市町村長が用途の廃止を都道府県知事に対して申請することをいいます。都道府県知事は用途廃止申請を妥当と認めた場合には、国の機関（財務局）へその国有地を引き渡し

の公務員）に相談したところ、Aさん所有の二筆の土地の表示登記《ひょうじとうき》（土地の所在地・面積などの土地の現況を表示する登記）の抹消《まっしょう》の登記手続をせよとの判決を得たなら、所有権取得の登記をするというものでした。寄島町は、虚偽の図面により勝訴判決を得たにもかかわらず、四半世紀《しはんせいき》以上を経過した現在でも、いまだに所有権取得の登記はできないままであり、登記官は、登記所の公図のAさん所有の二筆の土地の地番を抹消《まっしょう》してしまいましたので、Aさんの土地は、登記所の公図の上では無くなってしまったのです。

この事件が原因となって、寄島町立中学校には、いまだに運動場のない状態が十五年間も続いているのです。中学校の生徒が犠牲《ぎせい》になった原因は、無責任な寄島町の公務員の虚偽公文書の作成その他の数々の犯罪行為に原因がありました。

Aさんも十五年来の裁判に付き合わされて何の解決もなされていないのです。

この事件では、二審裁判所のデタラメな判決や寄島町の公務員の犯罪が明らかになっています。

この事件の発端

寄島町は、寄島町立中学校の運動場として使用するために一九九七年二月に町内のAさんから下表の七筆の土地を借りました。

この七筆の土地には建物もありましたから、契約書《けいやくしょ》は「土地及び建物賃貸借契約書」とされ、賃貸借期間の終了時には寄島町が原状回復（借りた時の状態に戻すこと）

ます。その国有地を利用したい自治体は、国に対して払い下げの申請をして国から買い取ることになります。この制度は、二〇〇五年（平成十七年）三月末までで廃止されて二〇〇五年（平成十七年）三月末の国有農道や国有水路は地元の市町村へ国から譲与（無償で譲り渡すこと）されました。

Aさんから借りた7筆の土地

①	寄島町字東新開	7553番	宅地
②	同	7553番1	宅地
③	同	7553番2	宅地
④	同	7554番1	宅地
⑤	同	7554番2	宅地
⑥	同	7554番3	用悪水路
⑦	同	7554番4	用悪水路

（⑥と⑦が寄島町が返還しない土地）

をする約束になっていました。この七筆の土地は、元《もと》は塩田《えんでん》で塩田のための潮《しお》まわし（塩田に海水を入れる水路）が登記簿の地目《ちもく》（土地の種類）では用悪水路《ようあくすいろ》とされていました。

寄島町長は、Aさんから七筆の土地を借りた直後の一九九七年八月に岡山県知事に対して用途廃止《ようとはいし》（国有地が用途に使用されていない場合に払い下げを受ける手続）の申請をしてAさん所有の七五五四番三と七五五四番四の各用悪水路を寄島町のものにする企てをしました。なぜ、寄島町職員が虚偽公文書作成罪《きょぎこうぶんしょさくせいざい》や虚偽公文書行使罪《こうしざい》の犯罪を犯してまで、Aさん所有の水路を取り込むことを企てたのか、今も不明ですが、下記の概念図のような虚偽公文書（水路図面）が作成されたのです。

（注1）寄島町職員大島千尋《ちひろ》が作成した虚偽公文書の地図には、Aさん所有の土地に隣接《りんせつ》して並行した登記所の公図に存在しない無番地の国有水路が存在するとしていた。

（注2）寄島町職員大島千尋が作成した虚偽公文書の地図には、「岡山地方法務局笠岡《ささおか》支局にて照合《しょうごう》。一九七七年（昭和五十二年）八月一日、岡山県浅口郡寄島町産業建設課大島千尋（印）」として大島千尋の署名《しょめい》と押印《おういん》がなされていた。大島千尋が「岡山地方法務局笠岡支局にて照合」した事実はなく、笠岡支局の保有する公図とは、内容が異なっているのです。

（注3）登記所の公図に無番地《むばんち》とされている土地は国有地とされます。例えば、

登記所の実際の公図（これが矢印の下のように改ざんされた）

7554番4（Aさん所有）	7554番3（Aさん所有）

（登記所の公図には無番地の国有水路は、存在しない）

↓

寄島町職員大島千尋が作成した虚偽公文書の地図の水路

7554番4（Aさん所有）	7554番3（Aさん所有）
無番地の国有水路	

俗《ぞく》に三尺道《さんしゃくみち》と呼ばれる田んぼの畦道《あぜみち》、水田の横の狭い水路があります。

寄島町職員の驚くべき犯罪行為

寄島町職員大島千尋が内容虚偽の公文書である用途廃止申請書《ようとはいししんせいしょ》に添付した地図を作成した一九七七年（昭和五十二年）八月一日当時の登記所の公図には、Aさん所有の七五五四番三と七五五四番四の水路しかなく、国有水路はまったく存在しなかったのに、大島千尋は、虚偽の架空の国有水路をAさん所有の水路の地図の上部（北西側）に書き加えて、書き加えた水路にAさん所有の水路の地番を記入して、あたかも無番地の国有水路が存在するかのような内容虚偽の公文書を作成したのです。

寄島町長から岡山県知事あてに提出された用途廃止申請書の添付書類《てんぷしょるい》には、次のような偽造したAさん名義の書類が添付されていました。犯人は特定されていませんが、偽造した文書の性質から寄島町の公務員が偽造した事実には間違いありません。

(1)「公共用財産《こうきょうようざいさん》の用途廃止承諾書《しょうだくしょ》」をAさん名義で偽造した。印鑑の氏の部分の文字の異なる印鑑を押印していた。

(2)「境界確定協議書《きょうかいかくていきょうぎしょ》」をAさん名義で偽造した。印鑑の氏の部分の文字の異なる印鑑を押印していた。

(3)「同意書」をAさん名義で偽造した。印鑑の氏の部分の文字は、本人の氏と合

土地の表示登記

土地の物理的現況（例えば、土地の所在地、面積、土地の種類を示す地目）を公示するための登記をいいます。登記とは、登記官（法務省の公務員）が登記所の登記簿に記載することをいいます。土地の登記には、①表示登記と②権利の登記（例えば、所有権取得の登記、抵当権設定の登記）とがあります。①表示登記は、登記簿の表題部に記載されます。②権利の登記は、甲区の欄には所有権の登記をし、乙区の欄には所有権以外の権利（例えば、抵当権）の登記がなされます。

所有権取得の登記

所有権を売買契約その他の原因で取得した場合に登記簿へ登記することをいいます。所有権は登記をしなくても取得することはできますが、

致しているものの、上の(1)や(2)とは異なる印鑑を押印していた。

1つの土地を4つに分けたのに4つの中の2つが、なぜ、無くなるの？

更に、Aさん所有の「七五五四番三」と「七五五四番四」の二筆の水路は、地番に枝番が付いているように七五五四番の一筆の土地を①七五五四番一、②七五五四番二、③七五五四番三、④七五五四番四の四つの土地に分筆（土地を分けること）した土地なのです。一つの土地を四つに分筆したものですから、四つの土地の中の二つの土地が無くなることはあり得ないことなのです。二審の裁判官は、この自明の理も無視して、七五五四番三と七五五四番四の二筆の水路を無いことにしてしまったのです。二審裁判官の判決は、完全に無茶苦茶な判決なのです。

寄島町職員の手のこんだ偽装工作

Aさんが前の所有者から購入した七五五四番三と七五五四番四の水路は、購入時にすでに分筆登記がされていたものですが、驚くべきことに、寄島町役場に保管する分筆の際の「土地分筆申告書」の図面には、何者かが、①土地の境界の部分に穴を開けて境界を不明にしたり、②虚偽の架空の水路を書き加えたり、③地番を示す矢印（↓）の根元の部分に穴を開けてどの地番を示すのかを不明にしているのです。公用文書毀棄罪《ききざい》（刑法第二五八条）に該当《がいとう》する悪質な犯罪行為がなされていたのです。

例えば、A所有の甲土地をBに売った後に更に甲土地をCへ二重に売った場合は、先に登記したほうが所有権を取得することとされていますので、登記は必須のことといえます（民法第一七七条）。

用悪水路

土地の用途を表すために土地に付される土地の地目（種類名）の一つで通常は排水用の水路をいいます。本件の場合は、塩田の潮まわし（海水を導入する水路）ですから、実際には用悪水路ではありませんが、形状が似ているために登記官が用悪水路としたものです。地目には、例えば、宅地、田、畑、山林、原野、池沼、公衆用道路、公園、雑種地、用悪水路があります。地目は、土地登記簿の表示登記として記載されます。

なぜ、ここまでの悪質な犯罪行為を繰り返したのかの理由は、一九七七年八月に寄島町長から岡山県知事に提出した用途廃止申請書に添付した虚偽公文書の地図（水路図面）の内容と合致《がっち》させる必要があったからです。用途廃止申請書に添付したウソの水路図面と寄島町役場に保存している土地分筆申告書の水路図面とが違っていたら、容易にウソがばれてしまいます。

岡山県職員の怠慢と財務局職員の怠慢

寄島町長から岡山県知事あてに提出された用途廃止申請書の審査に当たっては、岡山県職員は、用途廃止の対象とされる土地の存在を登記所の公図（地図）で確認する必要があったのに、登記所の公図写しの提出も求めず、かつ、登記所の公図の内容の確認もせずに、職務怠慢《しょくむたいまん》のまま漫然《まんぜん》と申請書を審査して、国の財務局へ送付してしまったのです。

また、財務局職員も、国有土地かどうかを登記所の公図その他の資料で確認する必要があるのに職務怠慢のまま漫然と申請書類を審査して、結局、寄島町へ国有財産として一九七八年に払い下げの手続をしてしまったのです。

後日、国有財産《こくゆうざいさん》でないことが判明した後も、岡山県職員も財務局職員も何らの責任《せきにん》をとらないうえ、裁判官は、言うまでもなく、行政の防波堤《ぼうはてい》となり果てていますから、これらの偽造事件は、一審判決を除いて、無視されたままになっています。残念なことに、これらの犯罪事実をAさんが知り得たのは、一九九一年八月の

虚偽公文書作成罪

公務員が、その職務に関して行使の目的で内容の虚偽の公文書を作成する犯罪をいいます（刑法第一五六条）。この場合の公務員とは、その公文書を作成する権限を有する公務員をいいます。本件の場合は寄島町の公務員が岡山県知事に提出する用途廃止申請書に添付した内容虚偽の公文書である水路図面を作成した場合です。

虚偽公文書行使罪

虚偽公文書作成罪によって作成した内容虚偽の公文書を真実な文書として使用（行使）した場合の犯罪をいいます（刑法第一五八条）。公務員が、その職務に関して行使の目的で作成した内容虚偽の公文書を行使する犯罪をいいます。

無番地の国有水路

国有水路の中で登記所の公図（地

賃貸借契約の終了時ですから、寄島町職員の犯罪行為のあった一九七七年からすでに十四年以上も経過しており、刑事事件として告訴《こくそ》や告発《こくはつ》のできる公訴時効《こうそじこう》の期間を経過していました。

なぜ、土地が無くなるのか

現在の登記所の公図（地図）には、Aさん所有の七五五四番三と七五五四番四の二筆の水路は地番が抹消されて空欄になっており、形式的には、あたかも無番地の国有地のようになっています。登記所に備え付けている公図は、かつて土地への課税用に作られていた土地台帳の付属地図が登記所へ移管されたものなのです。

Aさん所有の七五五四番三と七五五四番四の二筆の水路は、元は土地台帳に七五五四番の一筆の土地として「雑種地八反八畝二二歩、外悪水溝《ほかあくすいこう》一七歩」とされていたもので、Aさんの前の所有者が一九六二年五月に下表のように分筆（土地を登記簿上で分割すること）していたのです。

「外悪水溝」の「外」とは、外歩《そとぶ》ともいわれ、ある土地に付属して付いている土地を意味します。「悪水溝《あくすいこう》」とは、現在の登記簿の地目では、「用悪水路」というもので水路の形態をしているものを意味します。

重要なことは、上記の通り七五五四番の一筆の土地を四筆の土地に分けたのに、なぜ、その中の二筆の土地が無くなるのかですが、その理由を裁判官は明らかにせず、登記官も逃げ回っています。判決書は、裁判官の結論にとって都合の悪いこと

図）に地番の付されていない土地をいいます。国有地にも番地の付いている土地（例えば、個人から購入した土地）がありますが、登記所の公図に地番の付いていない土地は国有地とされます。

1962年5月時のAさんの前の所有者の分筆

異動の前	7554番	雑種地	8反8畝22歩
同		外悪水溝	17歩
異動の後	7554番1	雑種地	4反6畝10歩
同	7554番2	雑種地	4反2畝12歩
同	7554番3	用悪水路	8歩
同	7554番4	用悪水路	9歩

は書かないのです。裁判官の判決書に都合の悪い反対の主張や証拠は、裁判官は無視するのです。

だまし取られた土地の返還訴訟と判決内容

Aさんは、寄島町立中学校の運動場に使用していた七筆の土地を賃貸借契約の終了により形式的には書面で七筆全部の土地の返還を受けたので、その土地の原状回復（土地や建物をもとの状態に戻すこと）を求めて民事訴訟を提起しました。

これに対して、寄島町は、Aさんから寄島町が借りた七五五四番三と七五五四番四の二筆の水路は寄島町の土地であるとし、Aさんを被告として所有権が寄島町にあることの確認を求める民事訴訟を提起しました。

一審判決は、寄島町の主張するような国有水路は登記所の公図にも存在しないし、寄島町職員の虚偽公文書作成（内容虚偽の水路図面の作成）や文書偽造を認めてAさんの勝訴となりました。一審判決は、登記所の七五五四番三と七五五四番四の公図をもとに、その所有権の有無を判断したのです。

ところが、二審（控訴審）判決は、なぜか、登記所の七五五四番三と七五五四番四の公図をもとに判決をすることとせず、裁判官は、寄島町に別の地図を作成させて、その地図をもとにA、B、C、D、E、F、G、H、I、J、K、Aを順次直線で結んだ範囲内の土地について寄島町が所有権を有することを確認する旨の判決をしたものですから、登記所の七五五四番三と七五五四番四の公図と判決のいう範

地番の枝番

特定の土地を分筆した場合に分筆後の土地に付ける地番をいいます。例えば、七五五四番の一筆の土地を四筆に分筆登記をした場合は、七五五四番一、七五五四番二、七五五四番三、七五五四番四の四筆の土地に地番の枝番が付されます。

分筆

一筆の土地（一個の土地のこと）を土地登記簿の上で分割して数筆の土地とすることをいいます。土地所有者は、任意に分筆をすることができます。例えば、一〇〇〇平方メートルの宅地を分割して他人に売るために、五〇〇平方メートル・三〇〇平方メートル・二〇〇平方メートルの三筆の宅地に分筆するような場合があります。

囲とが食い違ってしまったのです。判決内容の要点を示すと下図のようになったのです。

二審（控訴審）判決は、下図の点線の範囲内で寄島町の所有権を認めたものの、結局、寄島町の所有権取得の登記は、四半世紀以上も経過した現在に至っても、登記ができないのです。

二審判決が、必要もないのに、なぜ、わざわざ寄島町に作成させた別の地図を使用して所有権の範囲を示したのか理由は不明ですが、結局、「誤った裁判」は、何の役にも立たなかったのです。国民に無駄な労力や費用を負担させて、何の役にも立たないのです。

登記官の指示による表示登記の抹消の裁判

寄島町は、所有権取得の登記をすることができなかったため、登記官に泣きついて登記官の指示による表示登記の抹消《まつしょう》の裁判をAさんを被告として起こすことになりました。

この訴訟の訴状の請求の趣旨（判決の結論として求めること）は、「被告は、七五五四番三、七五五四番四の土地につき、分筆地不存在を登記原因として、その表示登記の抹消登記手続をせよ」というものです。つまり、七五五四番三、七五五四番四の土地は、分筆地として存在しないので、その土地の表示登記（土地の所在地・地番・面積などの登記）を抹消しろという請求なのです。

判決内容の要点

実線 ———— が登記所の公図（地図）

点線 ………… が寄島町作成の地図中に判決が示した範囲

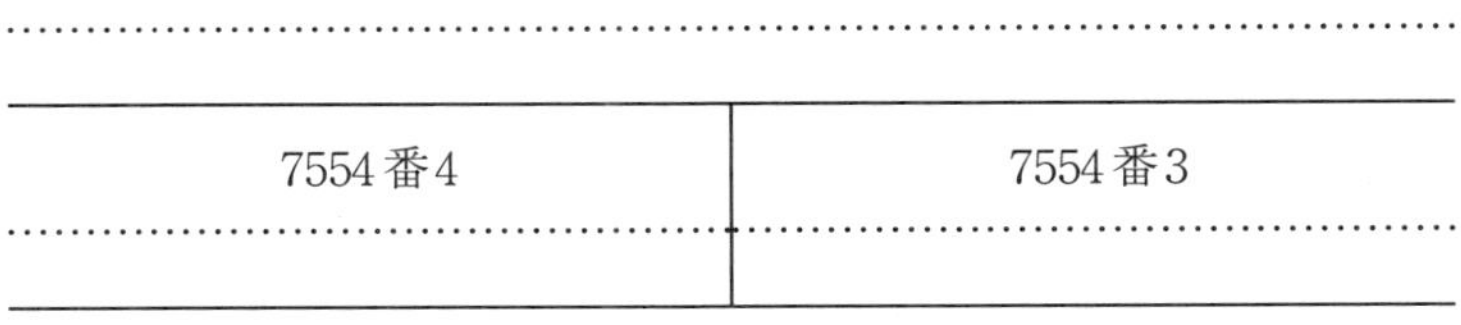

しかし、前述した通り、七五五四番三、七五五四番四の土地は、元は土地台帳に七五五四番の一筆の土地として「雑種地八反八畝二二歩、外悪水溝一七歩」とされていたもので、Aさんの前の所有者が一九六二年五月に四筆の土地に分筆登記をしていたものです。

一筆の土地を四筆に分けたのに、その四筆の土地の中の二筆の土地が存在しないということは理論的にも実際にもあり得ないことであり、法律的にも抹消登記は不可能であるにもかかわらず、裁判官はこの裁判でも、二筆の土地を抹消せよという無茶苦茶な判決を出したのです。

この事件で分かること

(1) ある土地がA所有の土地かB所有の土地かが争われた場合は、一審でA所有とされて、二審でB所有とされた場合は、たとえ、B所有がウソでも二審で勝訴したBの所有とされます。一般に最高裁の三審（上告審）で事実審理がされることはありません。

(2) 民事裁判は、真実を発見するものではなく、裁判官が、単に争いの決着を判決で決めるだけのものです。裁判官の判決が間違っていても、裁判官が責任を取らされることはありません。従って、裁判官には、緊張感《きんちょうかん》がなく、予断と偏見と独断に基づいた判断が多いのです。

(3) 裁判官は、行政側の肩を持ち、行政の防波堤の役割を果たしますから、行

外歩

特定の土地に付属している土地で特定の土地と同一の地番の付される土地をいいます。例えば、塩田には潮まわし（海水を導入する水路）が一体として付属していますから、潮まわしを塩田に付属している土地として塩田の土地と同一の地番が付されます。

表示登記の抹消

土地の登記簿の表題部（所在地・地番・面積などの土地の物理的現況の登記の部分）を抹消して土地そのものを無くすることをいいます。

土地台帳

一九五〇年（昭和二十五年）前に税務署において税金徴収のための資料として公図（地図）とともに使用していた土地の台帳をいいます。一

政側が相手方となる裁判では、原告住民が勝訴する場合は、ほとんどありません。

(4) 公務員は、内容虚偽《ないようきょぎ》の公文書を作る場合も多く、自治体との間で契約書を締結《ていけつ》する場合でも、絶対に自分の印鑑を公務員に渡してはなりません。自分で押印《おういん》をするようにします。

(5) 自分の依頼した弁護士に過大《かだい》な期待をかけてはなりません。弁護士が努力しても判決に生かされる保証はありません。判決は、裁判官という他人が勝手に結論を出すのですから、弁護士の努力は報われない場合が多いのです。

九五〇年（昭和二十五年）に登記所へ移管されて公図とともに登記所で保管されています。一九六〇年（昭和三十五年）の土地登記簿と土地台帳の一元化の後も登記所において永久保存とされています。

Q8 暴行によってケガをしたのに損害賠償請求が認められない事件とは？

暴行によってケガをして入院治療をしたのに、治療費などの損害賠償請求が認められなかった事件があるそうですが、どんな事件ですか？

「暴行とケガは無関係？」事件のあらまし

Aさんは、二〇〇三年（平成十五年）四月十二日午後九時頃、〇県〇郡〇町〇〇〇番地付近の路上において、知人の五十五歳の男Bから頭部《とうぶ》及び顔面《がんめん》を強く殴《なぐ》られて、外傷性《がいしょうせい》くも膜下出血《まくかしゅっけつ》、頭部・顔面打撲傷《だぼくしょう》、慢性硬膜下血腫《まんせいこうまくかけっしゅ》の傷害《しょうがい》を受けて手術をした後、三十二日間入院治療《にゅういんちりょう》をした結果、四四万九四九四円の治療関係費を要したので、傷害慰謝料《いしゃりょう》二〇〇万円との合計額を加害者Bに対して損害賠償請求《そんがいばいしょうせいきゅう》をしました。

この事件の判決では、裁判官は、暴行《ぼうこう》の事実は認められるが、加害者Bの暴行によって傷害を受けたとは認められないとしてAさん敗訴《はいそ》の非常識《ひじょうしき》な判決を言い渡しました。本書の「はじめに」の中の例にあげた典型的な「誤った裁判」の例なのです。「誤った裁判」であることは、少なくともAさんには明白《めいはく》なのです。

Aさんは、一審の裁判官の非常識に呆れ果てて裁判官は信用できないと確信して、

告訴状

犯罪の被害者その他の告訴権《こくそけん》を有する者（例えば、親権者《しんけんしゃ》、被害者が死亡した場合の配偶者《はいぐうしゃ》）から捜査《そうさ》機関（例えば、検察官、警察署長）に対して犯罪事実を申告して犯人の処罰を求める意思表示を記載した書面をいいます。

検察官

刑事事件について犯罪の捜査をしたり公訴《こうそ》の提起（起訴《きそ》）をする権限を有する公務員をいいます。警察署

結局は、信用できない裁判官による無駄な裁判を続けることをあきらめて二審への控訴をしませんでした。Aさんは、裁判官を信用したのが間違いだったと感じています。

暴行罪と傷害罪

刑法二〇八条は、暴行罪について「暴行を加えた者が人を傷害するに至らなかったときは、二年以下の懲役《ちょうえき》もしくは三〇万円以下の罰金《ばっきん》または拘留《こうりゅう》もしくは科料《かりょう》に処する」と規定しています。一方、刑法二〇四条は、傷害罪について「人の身体を傷害した者は、一五年以下の懲役または五〇万円以下の罰金に処する」と規定しています。この二つの規定から明らかなように「暴行」に比べて、「傷害」は著しく重く処罰することとしているのです。

Aさんの事件では、Aさんが傷害事件のあった直後に、地元の警察署長《けいさつしょちょう》に対して傷害罪として告訴状《こくそじょう》を提出していましたが、検察官は、加害者Bを起訴の処分とはしたものの、罪名《ざいめい》を暴行罪として略式起訴《りゃくしききそ》（簡易裁判所に正式裁判に代わる略式命令を求める検察官の請求）をしたのです。

Aさんの推測では、検察官は、犯人のBから「暴行」の自白《じはく》を得られたのに、「傷害」の自白は得られなかったからではないのかと捜査自体《そうさじたい》に疑問を呈しています。一般に検察官は、犯人の自白の得られない事件は起訴をしないことも多いので、犯人Bから暴行の自白は得られたものの、傷害の自白は得られなかったのではないかと考えられるのです。検察官にとっては、この事件のような傷害事件は、軽

長あてに告訴状を送付した場合でも警察官が捜査をして証拠物とともに告訴状を検察官に送付（送検）します。犯人が処罰されるためには検察官が裁判所に起訴をして有罪判決を得る必要があります。

起訴

刑事事件について検察官が裁判所に公訴の提起（公判《こうはん》の請求）をすることをいいます。起訴をする権限は検察官が独占していますから、検察官以外の官庁や私人は起訴をすることはできません。これを検察官の起訴独占主義といいます。検察官は起訴をする権限を独占していますから、この権限が適正に行使されない場合は、国民は救済《きゅうさい》されないのです。

略式起訴・略式命令

検察官が簡易裁判所に被告人の同

微な事件にしか過ぎませんから、長期間の取り調べによって傷害の自白をとることは困難《こんなん》と考えられたものと推測されます。

この事件については、結局、検察官の略式起訴に対して、簡易裁判所は、「被告人Bを罰金一〇万円に処する」とする有罪《ゆうざい》の「略式命令」を出して一件落着にしてしまったのです。この事件のようにいったん判決が確定してしまった場合は、後日、傷害の事実が証明できても、一事不再理《いちじふさいり》の原則（刑事事件について判決が確定した場合は、同一事件について再び審理をすることが許されない原則）によって、再度の審理はできないのです。従って、Aさんの事件については、刑事事件としては、傷害の事実はなく、暴行にとどまるとされてしまいました。しかし、損害賠償請求訴訟（民事訴訟）においては傷害の事実を認定するかどうかは刑事事件とは無関係に決めることができます。

非常識な裁判官の「経験則」

この事件に限らず、一般に、犯人（加害者）は、自分の責任を素直に認めることはありません。この場合の加害者Bの主張も、「暴行はしたが、Aを傷害したことはない」というものです。従って、Aの治療費は支払わないというものです。

これらの主張は、法律的にいえば、加害者の行為（例えば、暴行、追突）と結果（傷害の結果）との間に「因果関係がない」という主張なのです。因果関係とは、先行の事実（例えば、暴行）と後行の事実（例えば、傷害）との間の原因と結果の関係を

意を前提に検察官提出資料のみに基づく書面審理により五〇万円以下の罰金または科料を求める起訴をいいます。略式《りゃくしき》起訴に基づいて簡易裁判所が行う裁判を略式命令といいます。

一事不再理の原則

判決が確定した場合に、同一事件について再審理を禁止することをいいます。憲法第三九条後段には、「同一の犯罪について、重ねて刑事上の責任を問はれない。」と規定されています。従って、誤った起訴によって暴行罪で有罪判決が確定した場合には、後日、その事件で傷害の証拠が発見されても再審理は禁止されます。

経験則

経験から導き出された知識や法則《ほうそく》をいいます。例えば、雨が降ったら

いいます。この事件のような場合に、裁判官が「因果関係」を認めないのでは、裁判制度は機能しなくなりますが、「裁判官の常識は、世間の非常識」と言われるように、裁判官は非常識な判決をする場合が多いのです。

この傷害事件のような場合に因果関係を認める法則としては「経験則」がありますが、この事件の裁判官の経験則は、「五十五歳の男Bから頭部・顔面を強く殴られても、ケガはしない」という非常識なものだったのです。経験則とは、経験から導き出された知識や法則をいいます。例えば、「雨が降ったら、道路が濡れる」という日常的な経験から導き出された経験則は、一般常識として公知の事実（例えば、第二次世界大戦や関東大震災のような誰でも知っている事実）と同様に原告がそのことを証明する必要はないのです。

裁判官には常識がないとはよく言われることですが、その主な原因は、経験則に反する判断をするからです。ことわざに「盗人《ぬすびと》にも三分《さんぶ》の理《り》」（悪いことをしても、言い訳だけは何とでも立つ。どんなことでも理屈は何とでも付けられるという意味）というのがありますが、どんな誤った判決でも、長文の屁理屈《へりくつ》は付いているものです。裁判官の判決書作成の作業は、「初めに結論ありき」で結論さえ初めに決めれば、あとは、どんな屁理屈でも書けるのです。

損害賠償請求ができる場合

損害賠償《そんがいばいしょう》の請求訴訟をすることができる主な場合としては、①相手方が契約に

道路は濡れるといった日常生活から得られた一般常識から専門的な知識まで多種多様なものがあります。事実の認定に際して重要な働きをしますから、裁判官が経験則の判断を誤ると誤判決になります。

因果関係
刑事事件の場合では犯罪の実行行為（例えば、人を殺すという犯罪の構成要件に該当する行為）とその結果（人の死亡）との間に必要とされる原因と結果の関係をいいます。因果関係が認められた場合には、犯罪は既遂犯《きすいはん》になります。

違反した場合と、②Aさんのこの事件の場合のように契約関係にない者の不法行為《ふほうこうい》（違法行為）による場合とがあります。不法行為とは、故意《こい》または過失《かしつ》によって他人の権利を侵害《しんがい》する行為をいいます（民法第七〇九条）。

①は、一般に契約不履行《けいやくふりこう》（債務不履行《さいむふりこう》）といわれる場合で、相手方が契約に違反して債務を履行しない場合に債権者が債務の不履行によって受けた損害の賠償を請求する場合です。つまり、契約不履行責任は、契約関係（債権者《さいけんしゃ》と債務者の関係）にある者の間でのみ発生する責任なのです。

一方、②は、不法行為といわれる場合で、加害者《かがいしゃ》との契約関係がない場合に加害者の不法行為（違法行為）によって生じた損害を被害者が加害者に対して賠償請求をする場合です。つまり、不法行為責任は、契約関係がなく、加害者と被害者の関係があれば、誰との関係でも発生する責任なのです。

不法行為と因果関係

一般の不法行為が成立するためには、次の要件を満たすことが必要です（民法第七〇九条）。これらの要件の一つでも欠く場合は、不法行為は成立しないとされています。

(1) 損害が故意または過失によって発生したこと
(2) 加害行為が違法であること
(3) 加害行為と損害発生との間に因果関係《いんがかんけい》があること

契約不履行（債務不履行）

債務者が債権者との間の契約で定めた債務の内容に従った履行をしないことをいいます。契約不履行には、①履行ができたのに期限までに履行しなかった場合（履行遅滞《ちたい》）、②契約の後に履行することが不可能となった場合（履行不能）、③履行はしたものの不完全な履行しかしなかった場合（不完全履行）があります。

不法行為

故意または過失によって他人に損害を与える違法な行為をいいます。不法行為をした者は、不法行為によって生じた損害を賠償する責任があります。不法行為の加害者は、被害者に対して財産的損害のほかに精神的損害についても賠償する責任があります。

(4)　加害者に責任能力（法律上の責任を理解できる能力）があること

Aさんの事件の判決は、裁判官の非常識な経験則によって、五十五歳の男Bから頭部・顔面を強く殴られた加害行為《かがいこうい》（先行事実《せんこうじじつ》）とAさんのケガ（後行事実《こうこう》）との間には「因果関係」が認められないとし、裁判官は、因果関係が認められない以上、被害者AのBに対する請求は、すべて理由がないと判決をしました。

因果関係とは、例えば、赤信号で停止中の自動車に猛スピードで追突をして停止中の自動車の運転者にむち打ち症の傷害を加えた場合でも、一般に追突した者は、むち打ち症は追突が原因ではないと主張しますから、裁判官の追突とむち打ち症の因果関係の事実認定が重要になりますが、この因果関係を否定すると不法行為責任を問うことができなくなります。

裁判官は、自分に分からなければ「因果関係は認められない」といえば済むので、その他の不法行為の要件《ようけん》である加害行為の違法法、請求損害額の妥当性《だとうせい》、加害者の故意または過失を何ら検討する必要もなくなり、判決書も簡単に書けることになります。こんな無茶苦茶な裁判をされたのでは、国民は、たまったものではありませんが、これを防止する手段は何もないのです。

民法の教科書（川井健・著『不法行為法』一一二頁以下）によると、暴行と傷害・死亡との因果関係や交通事故における因果関係は、問題にならないくらいに当然に認められるとされているのに、Aさんの事件では、裁判官の非常識《ひじょうしき》がまかり通っているのです。

バイクで転んだ？

「盗人《ぬすびと》にも三分《さんぶ》の理《り》」といいますから、一般に加害者は種々の屁理屈を付けてきます。Aさんの事件の場合も、加害者Bは、Aさんがバイクで転んで頭部・顔面を強く打ったのだと主張しました。いつの世にも知恵者《ちえしゃ》はいるもので、でっち上げの虚偽の事実も証人を仕立《した》てて、真実らしく見せることができるのです。

Aさんの事件では、加害者Bの主張する「Aさんがバイクで転んで頭部・顔面を強く打ったのか否《いな》か」が重要な問題となりますが、この判決書には、この問題に触れるのが都合が悪かったのか、一切触れていません。悪い判決書の書き方の典型例として、裁判官の結論に都合の悪い事実は、一切触れないのです。

民事訴訟法第二四七条では、裁判官は、「口頭弁論の全趣旨《ぜんしゅし》及び証拠調べの結果を斟酌《しんしゃく》して」自由な心証により判決書を書くこととされていますが、結局は、裁判官の「結論先にありき」の自分の判断に都合のよい口頭弁論に現れた事実と結論にとって都合のよい証拠を述べるだけですから、勝手気儘《きまま》な事実認定によって「誤った判決」が出されて行くのです。

不法行為と慰謝料

Aさんの事件の場合では、外傷性《がいしょうせい》くも膜下《まくか》出血、頭部・顔面打撲傷《だぼくしょう》、慢性硬膜下血腫《まんせいこうまくかけっしゅ》の傷害を受けて手術をした後、三十二日間入院治療をした結果、一応の退院はしたものの、会社の代表取締役《とりしまりやく》の職務《しょくむ》の執行《しっこう》が不可能となり代表取締役を退任せざるを得なくなり、退院後も継続して三カ月ごとに脳内出血《のうないしゅっけつ》による血の抜き取りが必要となったので、入院治療費のほかに肉体的苦痛《にくたいてきくつう》および精神的苦痛《せいしんてきくつう》に対する「慰謝料《いしゃりょう》」として二〇〇〇万円を請求しましたが、因果関係がないという結論によって慰謝料の審理はなされませんでした。

「慰謝料」とは、精神的損害に対する賠償金をいいますが、日本の裁判官は、一般に慰謝料を認めない傾向があります。他人の痛みを分からない者が多いからです。もっとも、慰謝料の性質上、上記のAさんの二〇〇〇万円の請求でも、なぜ、二〇〇〇万円になるのか請求者本人も裁判官自身も分からないのです。慰謝料には積算《せきさん》根拠《こんきょ》はないのです。ただし、民法第七一〇条は、不法行為の場合について明文《めいぶん》の規定により精神的損害の賠償が認められているのです。

裁判官は、臆病《おうびょう》なのか、交通事故による死亡や夫の不貞《ふてい》による離婚の場合の妻への慰謝料のように過去の裁判例によって定型的に認められている場合には、裁判例の相場《そうば》によって慰謝料を認めますが、そのような定型的な場合以外には、なぜか、極めて消極的で臆病な態度をとっています。せっかく、民法に明文の規定があるにもかかわらず、裁判官自身がその立場に置かれても、彼らは精神的苦痛を感じることはないのか、裁判官の恣意的《しいてき》な消極的な態度によって慰謝料の規定は十分に機能していないのです。

慰謝料

精神的損害に対する賠償ないし賠償金のことをいいます。不法行為については民法第七一〇条の明文の規定で精神的損害の賠償が認められていますが、契約不履行（債務不履行）については明文の規定はないものの解釈上《かいしゃくじょう》認められています。

Q9 年金収入をこえる扶養料の支払いを命ずる審判のあった事件とは？

年金収入しかない定年退職者に母親の扶養料として年金額をこえる扶養料の支払いを命ずる審判のあった事件とは、どんな事件ですか？

「年金額をこえる扶養料が必要？」事件のあらまし

Aさんは、サラリーマンの在職中《ざいしょくちゅう》から父親の農業を手伝ってきましたが、父親が死亡した時に先祖伝来《せんぞでんらい》の農地を相続分《そうぞくぶん》（相続人が受ける遺産《いさん》の割合）に応じて分割することはできないので、長男のAさんに他の相続人の相続分を譲渡《じょうと》することにしAさん名義《めいぎ》の登記《とうき》も完了しました。相続人には、長男のAさんのほかに、次男B、長女C、次女D、三女E、四女FとAさんの母親Xの七人がいましたが、Fだけは相続分の譲渡を承諾しないのでAさんが自分の財産から相続分に相当する額を支払いました。

Aさんは、やがて定年退職して母親Xと同居《どうきょ》をして農地の維持管理《いじかんり》をしていましたが、ある日、突然、D、EらがAさんに無断で母親Xを連れ出して、その後、Aさんと母親Xとの面会《めんかい》を不可能にしたのです。その理由は、後日、判明しましたが、母親Xの名前で、Aさんに対して「毎月三〇万円の扶養料《ふようりょう》を支払《しはら》え」という

扶養料

民法に規定する扶養義務者（互いに扶養をする義務のある者）が扶養のために扶養をされる者（被扶養者）に給付する金銭その他の物をいいます。民法第八七七条は扶養義務者の範囲について「直系血族《ちょっけいけつぞく》及び兄弟姉妹は、互いに扶養をする義務を負う」と規定しています。直系血族とは、父母、祖父母、子、孫などをいいます。扶養料を金銭で支給せずに、被扶養者を引き取って同居して扶養する場合もあります。

家事調停《かじちょうてい》を申し立てたのです。

Aさんは、家事事件の当事者となるのは初めてで、家事事件の審理をどのようにするのかも知りませんでした。家庭裁判所から呼び出しを受けたAさんは、家事調停委員から当初《とうしょ》は母親Xが引き取り扶養を求めていると聞かされたので、それを承諾《しょうだく》したところ、実は、Aさんに対して「毎月三〇万円の扶養料を支払え」という申立だというのです。申立書の閲覧《えつらん》を求めたところ、家事審判官（裁判官）は、これを拒否しました。家庭裁判所の家事事件の書類は、家事審判官（裁判官）の許可がないと閲覧できないのです。

結局、家事調停は調停不成立《ふせいりつ》に終わり、家事審判手続に移りましたが、家事審判官（裁判官）は、月額二〇万円の年金収入しかないAさんに毎月三〇万円の支払いと過去の扶養料一八〇〇万円（三〇万円×六〇カ月）の支払いを命じたのです。月額二〇万円の年金収入しかない扶養義務者（本件では六人いる）の中の一人だけに対して、月額三〇万円の支払いを命ずる裁判官のこのような非常識な審判（一種の裁判）は、国家権力により個人の生命や全財産《ぜんざいさん》まで奪う悲惨《ひさん》な結果を招《まね》くことにもなります。

家事事件とは

家事事件とは、例えば、親の扶養《ふよう》、離婚、財産分与《ざいさんぶんよ》、遺産の分割《ぶんかつ》、遺言《ゆいごん》などの家庭内の争いが生じた場合に、家庭裁判所での家事調停や家事審判の手続により審

審判

家庭裁判所が家事審判法に基づいて家事事件（例えば、遺産の分割、扶養料の増額、相続の放棄）について行う手続（家庭裁判所の一種の裁判）をいいます。

相続分

相続人（相続をする人）が複数いる場合の各人が遺産を承継《しょうけい》（例えば、子ABCが死亡した父Yの権利と義務を受け継ぐこと）する分け前の割合をいいます。相続分には、①被相続人（相続される死亡した人）の遺言で指定する指定相続分と、②遺言による指定のない場合の法定相続分があります。法定相続分は、次の割合になります。

(1) 配偶者と子が相続人となる場合は、配偶者二分の一、子二分の一（子が複数いる場合は均等に分け

理をする民事事件をいいます。

家庭裁判所の家事調停や家事審判の手続は、通常の民事訴訟手続（例えば、交通事故の被害者から加害者に対する損害賠償請求、貸金返還請求）とは異なり、裁判所の職権による「非訟手続《ひしょうてつづき》」（訴訟手続でない手続）で行われますから、非訟手続の特質《とくしつ》を知らないと家事事件で泣かされることになります。

Aさんの場合も、母親Xの提出した「家事調停申立書」さえ裁判官（家事事件では家事審判官といいます）は閲覧させなかったのですが、家事事件では、家庭裁判所に提出された書類は裁判官の許可がないと閲覧できないのです。更に、裁判官の閲覧拒否に対して不服申立の手段もないのです。これでは、家事事件の相手方とされた者が、中世の暗黒《あんこく》裁判のように感じるのも無理はありません。

家事事件の恐ろしさは、家事事件（非訟《ひしょう》事件）の特質である裁判官の「職権主義」の名のもとに当事者に十分な主張や立証《りっしょう》もさせずに、裁判官が勝手に結論（審判といいます）を出すことにあります。

職権主義とは、通常の民事訴訟の当事者主義（当事者が証拠の提出その他の主導権を持つ主義）とは反対に、裁判官に審理の権限を集中させる考え方をいいます。家事事件（非訟事件）の審理に職権主義を採っていることには、それなりの理由がありますが、裁判官に対する「信用」が前提となっていますから、裁判官がその職権を濫用《らんよう》して「誤った審判」をした場合には、国民が国家権力により自殺や破産に追い込まれる悲惨な事態が起こり得るのです。

る）

(2) 配偶者と直系尊属（父母、祖父母）が相続人となる場合は、配偶者三分の二、直系尊属《そんぞく》三分の一（直系尊属が複数いる場合は均等に分ける）

(3) 配偶者と兄弟姉妹が相続人となる場合は、配偶者四分の三、兄弟姉妹四分の一（兄弟姉妹は均等に分ける）

(4) 子の中の非嫡出子《ひちゃくしゅつし》（法律上の婚姻関係のない男女の子）は、嫡出子の二分の一となります。

(5) 兄弟姉妹の中の父母の一方のみを同じくする兄弟姉妹は、父母の双方を同じくする兄弟姉妹の二分の一となります。

先祖伝来《せんぞでんらい》の農地のように法定相続分によって分割することにより農業経営ができなくなる場合は、農業を継ぐ者に他の相続分を譲渡する場合

民事訴訟手続と非訟《ひしょう》事件手続

通常の民事訴訟手続（Q7やQ8の民事事件）と非訟事件（家事事件）手続の主な相違は、七三頁の表の通りです。

七三頁の表の相違点《そういてん》だけでも、家事事件は、通常の民事訴訟とは全く異なる手続であることが分かりますが、家事事件に関係する家庭裁判所の裁判官が職権を濫用して家事事件記録の閲覧拒否をしたり、家庭裁判所書記官、家庭裁判所調査官、家事調停委員（民間人から任命された非常勤の裁判所職員で裁判官とともに調停委員会を構成している者）が国民に不親切な説明をしたりすると、家事事件の手続は、中世の暗黒裁判のように人権侵害の制度になり果ててしまいます。

家庭裁判所の家事調停と家事審判の手続

家事調停とは、家庭裁判所が行う親の扶養、遺産の分割、離婚の際の財産の分与その他の家庭に関する争いについての家事審判法にもとづく調停をいいます。調停とは、話し合いで解決を図る手続をいいます。調停（話し合い）が成立しない場合は、強制的《きょうせいてき》に解決を図る家事審判（一種の裁判）の手続に移行します。

家事審判とは、家事調停の対象となる家庭に関する争いのほか、相続の放棄、相続の限定承認、失踪宣告《しっそうせんこく》、後見開始《こうけんかいし》、子の氏《うじ》の変更その他の家事審判法に定める家事事件の審判をいいます。審判の結論に不服がある場合は、高等裁判所へ即時抗《そくじこう》があります。

家事調停

家庭裁判所が家事事件（例えば、遺産の分割、扶養料の増額）について家事審判法に基づいて行う調停（話し合いにより解決する手続）をいいます。家事調停が成立しない場合（話し合いで解決しない場合）は、家事審判の手続に移行し家事審判官（裁判官）の審判により解決します。家事審判官の審判の結果に不服のある場合は、高等裁判所へ不服申立の手続（即時抗告といいます）をとることができます。

家事調停委員

家庭裁判所の家事事件について裁判官（家事審判官）とともに家事調停委員会の構成員として調停に関与する非常勤の国家公務員をいいます。

告《こく》（不服申立）をすることができます。即時抗告の結論に憲法違反などがあるため不服がある場合は、最高裁判所へ特別抗告をすることができます。

一般に家事調停のできる事件については、まず、家庭裁判所に「家事調停申立書」を提出し、その調停が不成立になった場合に、家事審判の手続に移行して最終的には家事審判（一種の裁判）により決着をする仕組みになっています。ただ、家事調停のできる事件についても、最初から家庭裁判所に「家事審判申立書」を提出することもできますが、家事調停手続に回付《かいふ》される場合があります。

家庭裁判所調査官とは何者？

家庭裁判所調査官とは、家庭裁判所において裁判事務を補助する裁判所職員をいいますが、家庭裁判所調査官の調査の結果は、裁判官（家事審判官）の事実認定の資料とされますから、誤った資料によって、とんでもない審判になることがあります。

Aさんの事件の場合は、家庭裁判所調査官が申立人の母親のみに面接調査をして、その言い分（申立人の主張する事実）をそのまま事実認定の資料としたため、相手方Aさんの言い分はまったく聞かれませんでした。

家庭裁判所調査官は、裁判官の命令によって調査をして、その結果を裁判官に書面（家事事件調査報告書）または口頭《こうとう》で報告しますが、その報告には家庭裁判所調査官の意見を付することができるとされています。当事者（申立人と相手方）の双

最高裁判所が任命し任期は二年とされています。

家事調停申立書

家庭裁判所に家事調停の申立をする場合に提出する書面をいいます。家庭裁判所の受付窓口で用紙は無料で交付されます。用紙は「家事調停申立書」と「家事審判申立書」の兼用になっていますから、「調停」と「審判」の該当《がいとう》する方を○印で囲みます。家事調停のできる家事事件（例えば、親の扶養）について家事審判申立書を提出した場合は、まず、家事調停の手続に回付されます。家事調停が不成立になった場合は、家事審判の手続に移行します。

失踪宣告

人の失踪（所在や生死が不明のこと）が一定の失踪期間継続した場合

民事訴訟手続と非訟事件手続の相違点

民事訴訟手続	非訟事件（家事事件）手続
事実の主張や証拠の収集を当事者の責任とする弁論主義（当事者主義）を採っている。そのルールは、次の通り。 ① 裁判官は、当事者の主張しない事実を判決の基礎としてはならない。 ② 裁判官は、当事者間に争いのない事実は、そのまま判決の基礎としなければならない。 ③ 裁判官は、当事者間に争いのある事実を認定するには、当事者の申し出た証拠によらなければならない（裁判官の職権による証拠調べの禁止）。	裁判官（家事審判官）の職権主義（職権探知《たんち》主義）を採っている。 ① 裁判官は、職権で、事実の調査ができる。 ② 家庭裁判所調査官が裁判官の命令により事実を調査した裁判官への報告書が証拠となる。 ③ 事実と証拠の収集を当事者の責任にせず、裁判官の職権で行う。証拠の収集を裁判官の権限と責任で行う。
訴訟の審理や裁判を国民が公開の法廷で傍聴《ぼうちょう》することができる公開主義を採っている。	国民の傍聴を許さない非公開主義を採っている。
民事事件の記録は、誰でも自由に閲覧することができる。利害《りがい》関係人は書類の写しの交付を受けることもできる。	家事事件の記録は、たとえ当事者であっても、裁判官の許可がないと閲覧することさえできない。裁判官の不許可に対して不服申立をする制度もない。

に、利害関係人（例えば、配偶者）の請求によって家庭裁判所が行う宣告をいいます。失踪期間は七年とされますが、戦地に臨んだ者・沈没した船舶に乗っていた者・生命の危険を伴う災難にみまわれた者については、戦争が終わり、船が沈没し、災難が去った時から一年間とされています（民法第三〇条）。七年間の生死不明によって失踪宣告を受けた者は、失踪期間が満了した時に死亡したものとみなされますが、災難後一年間の生死不明によって失踪宣告を受けた者は、その災難が去った時に死亡したものとみなされます（民法第三〇条）。

後見開始

未成年者（二十歳未満の者）や成年被後見人（精神上の障害によって判断能力を欠く常況にある者で家庭

方について調査をせず、かつ、その調査報告書も当事者に閲覧させないので、何が書かれているのかも分からないのです。言うまでもなく、各当事者は、自分に都合のよい主張をしますから、一方の当事者の主張事実だけを審判の事実認定の資料にしたのでは、公正な審判にはならないのです。たとえ、家庭裁判所調査官がウソ八百《はっぴゃく》の調査報告書を裁判官に提出していてもそれに対する主張すらできないのです。

家庭裁判所調査官が恣意的にウソの調査報告書を作らないという保証もなく、仮にウソと認識していなくても、客観的にウソの事実を調査報告書に記載することもあります。このようにウソの調査報告書が相手方当事者のチェックも受けずに、そのまま審判の事実認定の資料に使われるのですから、これは、恐怖以外のなにものでもありません。

Aさんの体験した家庭裁判所の変な仕打ち

(1) Aさんは、生まれて初めて家庭裁判所から呼び出しを受けて出頭《しゅっとう》したところ、家庭裁判所の家事調停委員から「母親から調停申立があったが、母親を引き取り扶養するか」と質問されたので、「引き取り扶養をする」旨《むね》を答えました。ところが、今度は、家事調停委員は、「母親に対して毎月三〇万円の扶養料を支払う意思はあるか」と質問したので、Aさんは「私には、月額二〇万円の年金収入しかないので、月額三〇万円を支払うことは不可能である」旨を答えました。その後、A

裁判所の審判を受けた者）を保護する後見人を付する家庭裁判所の審判をいいます。未成年者には未成年後見人が付され、成年被後見人には成年後見人が付されます。

職権主義（職権探知主義）
事実の調査や証拠の収集を裁判所の職権で行う主義をいいます。家庭さんは、家事調停委員に対して、調停申立をしたと称する母親から提出された「家事調停申立書」を閲覧させてほしいと述べたところ、家事調停委員は、裁判官（家事審判官）に相談した後、「閲覧はさせない」とAさんに伝えました。

家事調停の申立人が何を求めているのかも分からず、「家事調停申立書」も閲覧させないのでは、申立人の相手方は、どんな対応をしてよいかも分からないのです。おまけに、家事調停委員は、単に長生きして社会経験が豊富というだけで法律の素人《しろうと》も多く、何を言っているのかも分からない場合も多いのです。家事調停委員とのやりとりについての記録を作っている場合でも、通常の民事訴訟の場合とは異なり、裁判官は、当事者の閲覧請求を拒否することができるのです。

(2) Aさんは、生まれて初めて家庭裁判所に出頭したのですから、家事調停や家事審判の手続を知りませんので、担当の書記官に対して、「自分の主張をどのような書面にして提出すればよいのですか。証拠は、どのようにして提出するのですか」と質問したところ、書記官は、「何もする必要はありません」と答えました。

この書記官の答えは、法律上は間違っているわけではありません。前述した通り、家庭裁判所の審理は、裁判官（家事審判官）の職権主義（職権探知主義《しょっけんたんちしゅぎ》）を採っていますから、通常の民事訴訟のように当事者（原告と被告）が準備書面（審理をする期日の前に提出する書面）で事実の主張をしたり、主張した事実を立証するための証拠を提出したりする必要はないとされています。

裁判所の審理は職権主義（職権探知主義）によって行われます。これに反して、通常の民事訴訟では、事実の主張や証拠の収集は当事者（原告や被告）の責任とする弁論主義を採っています。

準備書面

民事訴訟において当事者（原告や被告）が口頭弁論（公開の法廷で口頭で述べる手続）で陳述《ちんじゅつ》しようとする事項を記載して、口頭弁論期日の前に裁判所に提出する書面をいいます。相手方当事者にも準備書面を直送することになっています。これによって、あらかじめ相手方の主張を知ることができるのです。家庭裁判所の家事事件では準備書面の提出は義務付けられていません。

しかし、家事審判といえども、強制的に紛争を解決する一種の裁判ですから、裁判官が当事者（申立人と相手方）の主張やその主張を裏付ける証拠が必要がないとはいえないのです。Aさんは、結局、書記官の答えを真に受けて、主張を述べた書面も提出せず、重要な証拠も提出しなかったために、月額二〇万円の年金収入しかないのに月額三〇万円の扶養料の支払いを命じられたのです。その後は、民事執行法にもとづく強制執行により居住している土地・建物や預金を差し押さえられ、親《しん》類縁者《るいえんじゃ》や農協から借金をして母親に支払ったのです。裁判官が、事実認定を誤り、誤った審判を出すと、国家権力による強制執行によって身ぐるみ剥《は》がされて自殺や破産《はさん》に追い込まれることもあるのです。この事件では、Aさんは、その後、母親と同居して事なきを得たのですが。

(3)　通常の民事訴訟（例えば、交通事故の被害者から加害者にする損害賠償請求、貸金返還請求）では、各当事者（原告と被告）は裁判所に提出された書類や裁判所の作成した書類（例えば、各期日ごとの審理の状況を書いた期日の調書、証人尋問の記録）を自由に閲覧したり写しの交付を受けることができますが、家事事件では、これらの書類を閲覧することさえ裁判官の許可が必要とされています。Aさんは、前記(1)の通り、申立人から提出された「家事調停申立書」の閲覧も拒否されましたが、その後には閲覧はできたものの、申立人の提出した証拠書類その他の書類の閲覧は拒否され続けました。

裁判官（家事審判官）が閲覧拒否を恣意的に続けても、その裁判官の閲覧拒否に対して何らの不服申立の制度がないので、泣き寝入りするしかないのです。家事審判は裁判官による職権探知主義を採っていますから、裁判官に対する信用が前提となっていますので、裁判官が公正な審理をしないと制度自体が崩壊してしまうのです。Aさんは、自分の体験した事件では、家事審判は裁判の名に値しないものと考えています。

(4) Aさんは、家庭裁判所の家事審判が確定して自分の財産に対する強制執行《きょうせいしっこう》を受けた頃、「扶養義務者が六人もいるのに、なぜ、自分一人が扶養料の全額を負担しなければならないのか」という疑問をもって調べてみると、民法に次のような条文があることを見つけて、家庭裁判所に対して、①扶養料の減額請求《げんがくせいきゅう》と、②他の扶養義務者に対する過去の扶養料の償還請求《しょうかんせいきゅう》をすることにしました。

> 民法第八七七条 ①直系血族《ちょっけいけつぞく》および兄弟姉妹は、互いに扶養をする義務がある。
> （第二項・第三項は省略）
> 民法第八八〇条 扶養をすべき者もしくは扶養を受けるべき者の順序または扶養の程度もしくは方法について協議《きょうぎ》または審判があった後、事情に変更を生じたときは、家庭裁判所は、その協議または審判の変更または取消をすることができる。

過去の扶養料の償還請求

扶養義務者（扶養を受ける者の直系血族や兄弟姉妹）が複数いる場合に、扶養義務者の一人が他の扶養義務者の扶養料を立て替えて支払ったような場合には、実際に立て替えて支払った者は、他の扶養義務者に対して既に支払った過去の扶養料の償還（返済）を請求することができます。過去の扶養料の償還（返済）を求める請求は、過去の扶養料は金銭債務の弁済に過ぎませんが、通常の民事訴訟ではなく、扶養義務の負担割合を決める場合と同様に家庭裁判所の審判事項として審判を求めることになります。

例えば、兄弟姉妹四人の中の長男がＩＴ企業の社長で年収一億円があった当時は母親の扶養料として月額三〇万円を支払う家事審判が確定していた場合でも、その企業が倒産して長男の収入が月額三〇万円になったような事情に変更を生じたときは、家庭裁判所は、当初の審判の変更や取消をすることができることとされています。

Ａさんは、民法の規定に従って、家庭裁判所に対して、①扶養料の減額請求と、②他の扶養義務者に対する過去の扶養料の償還請求の家事審判の申立をしましたが、家庭裁判所は、いつまでに処理するといった期限の決まりはありませんから、放置《ほうち》したままにしたのです。本来、裁判所に事件を早く処理してもらうことは期待できません。Ａさんの事件の場合は、上例のＩＴ企業の倒産による社長の場合とは異なりますが、自分の財産の大半《たいはん》を強制執行で奪われ、当初の審判の確定した時点と比べて経済的支払能力に大きな事情の変更がありますから、正に緊急に審判の変更または取消をする必要があるのです。しかし、Ａさんは、不運《ふうん》なことに当初の審判を担当した裁判官（家事審判官）に当たってしまったのです。地方の小さな家庭裁判所では、裁判官の数が少ない上、裁判所は裁判官本人の意思に反して強制的に転勤《てんきん》させることをしませんから、長年、同一の裁判所に居すわっている者もいるのです。Ａさんの場合は、正に緊急に事情変更による審判が必要であったにもかかわらず、長期間放置されて、結局、申立は認められませんでした。

審判で確定した扶養義務者の事情変更の例には、例えば、長男Xが他の相続人の次男Y・母親Zとの合計相続財産一億円分の全部の土地を譲り受けて母親の扶養料月額三〇万円を支払う旨の審判が確定した後、いわゆるバブルがはじけて土地の価格が二〇分の一になったような場合の例がありますが、このような場合に事情変更が認められるかどうかは不明です。家庭裁判所の裁判官の判断は、まったく予測のつかない結論を出しますから、良心的な裁判官に当たることを期待することは禁物です。

家事審判に対応する自衛策は

家事調停のできる事件についての手続は、一般に、まず、家庭裁判所に「家事調停申立書」を提出し、その調停が不成立になった場合に、家事審判の手続に移行して最終的には家事審判により決着します。調停のできる事件でも「家事審判申立書」を提出することもできます。調停は単に話し合いによって解決する手続ですから、話し合いをして解決できない場合は、最終的な審判（裁判の一種）が必要になるのです。

家事事件の審理は、前述した通り、裁判官の職権主義（職権探知主義）が採用されていますから、事実の主張や証拠の提出が当事者の責任とはされていません。しかし、当事者（特に申立人の相手方）が事実の主張や証拠の提出を怠ると、裁判官の予断と偏見と独断による無茶苦茶な審判の結果に泣くことになります。

自衛策としては、特に中立人の相手方は、中立人の主張をよく理解したうえで、自分の主張を書面にして（書面の名称は決まっていないので「主張書面」とします）必要の都度、家庭裁判所へ提出しておく必要があります。更に、自分の主張を裏付ける証拠（書類その他）を提出しておく必要があります。要するに、自分の主張を書面にして提出し、その書面による主張を裏付ける証拠を提出して、裁判官に、自分の主張と異なる審判書を作成させないことが大切なのです。

もっとも、提出した書面を無視する裁判官もいますから、自分の主張を書いた書面やその主張を裏付ける証拠を提出しても、読まれるかどうかは分かりませんが。

Q10 通行不可能な通行権を認めた判決の事件とは、どんな事件ですか？

幅二〇センチしかない人間の通行できない通路しかないのに、幅一メートルの通行権を認めた変な判決の事件とは、どんな事件ですか？

「実現不可能な変な判決」事件のあらまし

Aさんは、B所有の隣地《りんち》（地番二番）を通行しなければ公道に出ることができない図1のようなAB共有の袋地《ふくろじ》「地番四番」を持っています。袋地とは、他人の土地を通らなければ公道への出入りができない土地をいいます。袋地の所有者は、袋地を囲んでいる他人の土地を通行する権利があります。この権利を袋地所有者の囲《い》繞地通行権《にょうちつうこうけん》といいます。

Bは、Aさん所有の土地（地番一番）の隣地（地番二番）に敷地《しきち》一杯の建物を建ててしまったので、Aさんは、AB共有の袋地「地番四番」への出入りができなくなりました（図1参照）。

Aさんは、地番四番の袋地から公道へ出るにはB所有の地番二番の土地を通行する必要がありますが、B所有の建物を敷地一杯に建てたために二〇センチ幅の隙間しか残らないこととなり袋地への通行が不可能となりました。

囲繞地《いにょうち》通行権

袋地（他人の土地を通行しなければ公道への出入りのできない土地）の所有者が袋地を囲んでいる他人の土地（囲繞地《いにょうち》といいます）を通行する権利をいいます。民法第二一〇条第一項は「他の土地に囲まれて公道に通じない土地の所有者は、公道に至るため、その土地を囲んでいる他の土地を通行することができる」と規定しています。同条第二項は「池沼、河川、水路若しくは海を通らなければ公道に至ることができないとき、そこで、Aさんは、袋地「地番四番」の所有者の囲繞地通行権（袋地を囲んでいる他人の土地を通行する権利）に基づいて訴訟を提起したところ、裁判官は、次のような変な判決をしたのです。

① Aは、次の点線で囲んだ部分について通行権を有することを確認する。

② Bは、Aが次の点線で囲んだ部分を通行することを妨害してはならない。

③ Aのその余の請求を棄却する。

裁判官は、Aの囲繞地通行権の範囲として幅一mを認めたものの、その通行権の行使に不可欠の建物の撤去請求《てつきよせいきゆう》を棄却《ききやく》したのです。つまり、Aの権利を承認しながら、Aの権利の実現を不可能とする矛盾《むじゆん》した変な判決を出したのです。

点線の部分の一部を拡大した図面は、図2のようになります（太線はブロック塀）。

この事件の背景

このような事件になった背景は、BがB所有地

図1　ＡＢ共有の袋地「地番４番」の図面

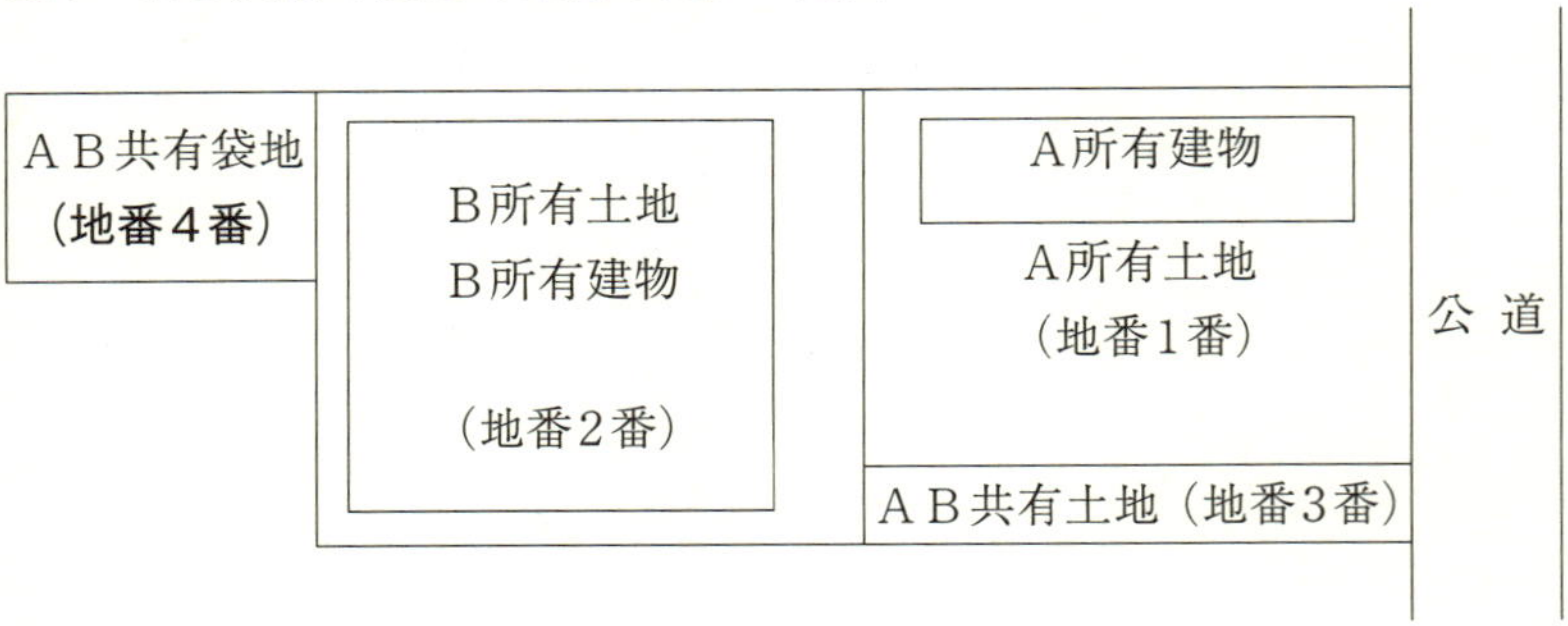

図2　拡大した図面

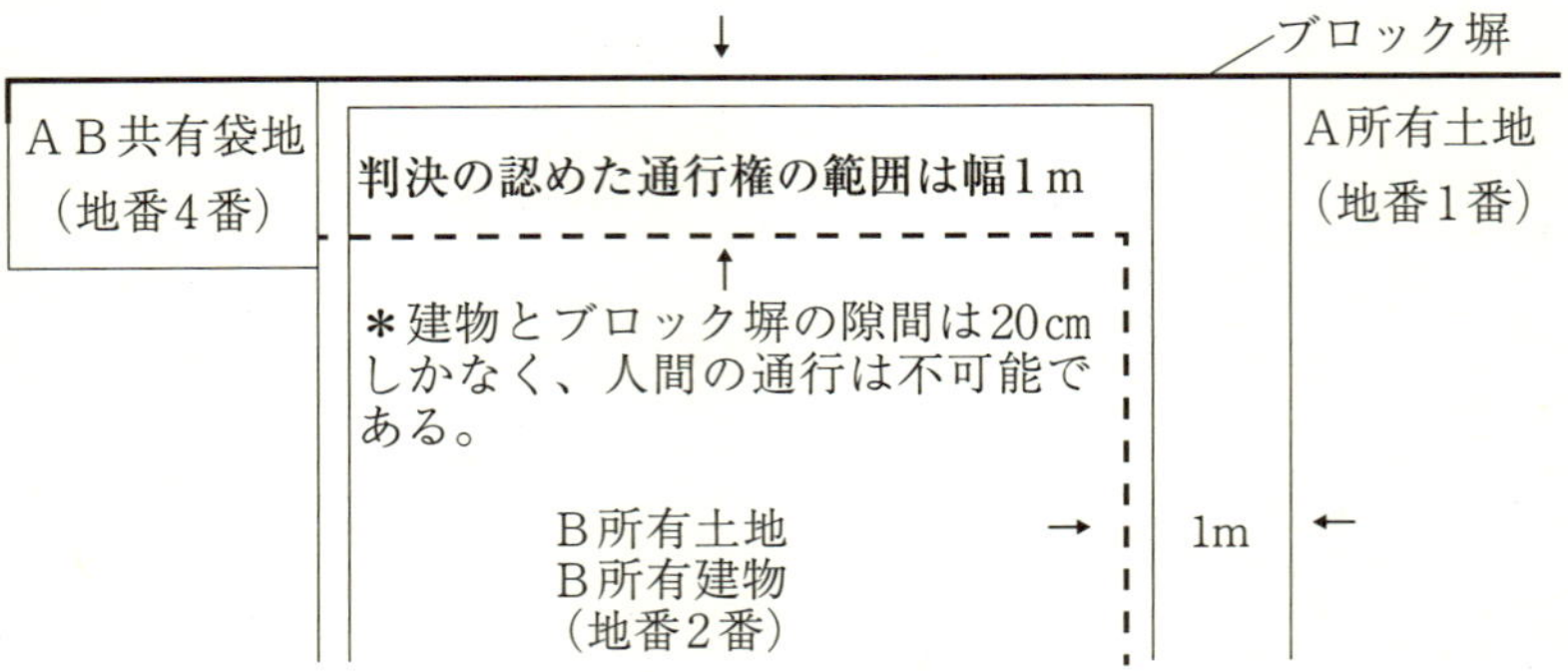

に建築基準法に規定する建ぺい率、容積率、接道要件《せつどうようけん》（幅四m以上の道路に敷地が二m以上接していること）に違反《いはん》している建物を建築したからです。なぜ、このような建物に建築確認が得られたのかにはカラクリがあって、Bは、その建物を「増築部分」として建築基準法の建築確認を受けていたのです。しかし、実際には、増築建物ではなく、建築主事《けんちくしゅじ》（建築確認の公務《こうむ》を行う自治体の公務員）に対して虚偽の建築確認申請書を提出したものなのですが、建築主事の見解では渡り廊下《ろうか》部分の工事が未完成に過ぎないというのです。Bが「増築部分」に居住《きょじゅう》を開始して五年以上も経過しているのに、建築主事は、建築基準法に規定する制裁措置《せいさいそち》も取らずに放置しています。二〇〇五年（平成十七年）十一月に千葉県市川市の姉歯《あねは》秀次一級建築士によるマンションなどの耐震強度の偽装事件が発覚し建築主事の怠慢《たいまん》が露呈《ろてい》しましたが、建築主事の怠慢には目にあまるものがあります。

囲繞地通行権とは

民法第二一〇条第一項は、「他の土地に囲まれて公道に通じない土地の所有者は、公道に至るため、その土地を囲んでいる他の土地を通行することができる」と規定しています。袋地の所有権を取得した者は、所有権取得の登記をしていなくても囲繞地通行権を主張することができます。袋地所有者の家族や袋地上の建物の賃借権者は、袋地所有者の囲繞地通行権を援用《えんよう》（一定の事実を自分の利益のために主張すること）することができますから、袋地所有者と同様に通行することができま

又は崖があって土地と公道とに著しい高低差があるときも、前項と同様とする」と規定しています。二項のような土地を「準袋地」といいます。

袋地または準袋地の場合には、通行の場所や方法は、囲繞地通行権を有する者のために必要であり、かつ、他人の土地のために損害が最も少ないものを選ぶ必要があります（民法第二一一条第一項）。

建ぺい率

建築物の最低限度の基準を定める建築基準法に規定する建築制限の一つで、建築物の建築面積の敷地面積に対する割合をいいます。地域別に最高限度が定められています。

容積率

建築基準法に規定する建築制限の一つで、建築物の延べ床面積（建築

す。
民法第二一一条第一項は、「前条（上の第二一〇条）の場合には、通行の場所および方法は、同条の規定による通行権を有する者のために必要であり、かつ、他の土地のために損害が最も少ないものを選ばなければならない」と規定しています。
Aさんの事件の場合も、裁判官は、上図の点線で囲んだ「幅一mの通路」を通行する権利がAさんにあることを認めたのです。ところが、裁判官は、「幅一mの通路」を認めたにもかかわらず、図1の通り、Bの建物によって実際には、幅二〇cmしかなく、猫や犬ならともかく人間の通行は不可能であることを知りながら、妨害《ぼうがい》建物の撤去は認めないという矛盾した実現不可能な判決をしてしまったのです。

実現不可能な変な判決は、無効の判決？

判決内容が不定《ふてい》または不明確《ふめいかく》な場合、判決内容が矛盾していてその意義を確定できない場合は、その判決は無効であると解されています（「講座民事訴訟⑦」三五九頁以下）。例えば、①事実上不可能な給付を命ずる判決、②一定金額の支払を命じたが、どの契約によるものか不明の場合、③土地所有権確認判決や境界確定判決で示された範囲が現地のどの部分か不明の場合があります。
Aさんの事件の場合も、裁判官は、判決書の図面上は「幅一mの通路」の囲繞地通行権を認めておきながら、その通行権の行使が不可能な矛盾した判決をしているのです。

物の各階の床面積の合計）の敷地面積に対する割合をいいます。地域別に最高限度が定められています。

接道要件
建築基準法に規定する建築制限の一つで、建築物は、幅四m以上の道路に敷地が二m以上接していることという要件をいいます。

建築主事
建築物の建築計画が建築基準法その他の建築関係法令に適合しているか否かを確認する公務（これを建築確認といいます）に従事する都道府県または市町村の公務員をいいます。建築途中の中間検査や完了時点の完了検査も行います。都道府県と人口二五万人以上の市に置かれますが、その他の市町村にも置くことができます。建築基準法では、建築確

Aさんの事件とは逆に考えるXさん事件の変な判決もある

Xさんは、次頁下図のような囲繞地《いにょうち》（袋地を囲んでいる土地）を所有していますが、隣地の袋地所有者Yには「幅一mの通路」の囲繞地通行権を認めています。しかし、Yは、四mの黙示《もくじ》（契約で明確にされていない）の通行地役権《つうこうちえきけん》（他人の土地を自分の土地の便益《べんえき》（自分に便利で利益があること）に供することのできる権利）があると主張してXを被告として訴えを提起しました。

Xさん所有の囲繞地の南北には各一棟のマンション（北側二四世帯、南側三八世帯）があり両方のマンションの間の囲繞地には地上二・四mの位置に下水道管・ガス管・上水道管その他のライフラインが通っています。

Xさんの事件の判決は、Yの主張する通行地役権の主張は認めず、かつ、幅二mの囲繞地通行権を認めて、Xさん所有の地上二・四mの位置にある下水道管・ガス管・上水道管その他のライフラインの全部の撤去を認めたのです。

囲繞地所有者のXさんの主な主張は、次のようなものでした。

① Yは四半世紀以上の期間にわたって「幅一mの通路」の囲繞地通行権を行使して日常生活に何らの支障もなかった。

② 地上二・四mの位置にある下水道管・ガス管・上水道管その他のライフラインは、人間の背の高さからみてYの通行に何らの支障もない。

③ 囲繞地通行権は他人の土地を通行する権利であるから、民法二一一条によ

認、中間検査、完了検査の業務を指定を受けた民間の確認検査機関も行うことができることとしています。

無効の判決

訴訟手続上は有効な判決と認められるので、確定によって訴訟を終了させるが、判決の効力の全部または一部を生じないものをいいます。例えば、裁判権に服さない者に対する判決、実在しない者に対する判決、訴えの取下げ後になされた判決、判決内容が矛盾していて意味を確定できない判決、事実上不可能な給付を命じる判決があります。

り、その通行の場所および方法は、通行権を有する者のために必要であり、かつ、他人の土地のために損害が最も少ないものを選ぶ必要がある。

④ 地上二・四mの位置にある下水道管・ガス管・上水道管その他のライフラインを撤去した場合には両方のマンションは使用不能となり約二三億九一〇〇万円の収入が得られなくなる。

⑤ Y所有の住宅前の通路幅（＊印の部分）は一mしかなくYは一mの通路幅で二五年以上も日常生活に何らの支障もなかった。

Aさんの事件とは正反対の判決を出したXさんの事件

Aさんの事件では、裁判官は、Aさんの「通路幅一m」の囲繞地通行権を認めながら、隙間幅二〇cmの人間の通行が不可能なことが分かっているのに建物の撤去を認めてませんでした。

これに反して、Xさんの事件では、裁判官は、Xさんの「通路幅一m」の囲繞地通行権では不足であるとして「通路幅二m」の囲繞地通行権を認めたうえ、Xの囲繞地上の地上二・四mの位置にある下水道管・ガス管・上水道管その他のライフラインの撤去を認めたのです。

Aさんの事件とXさんの事件とは、裁判官の考え方は正反対で、裁判官は、Aさんの事件では、Aさんの権利を無視した権利の実現が不可能な変な判決であるのに対して、一方のXさんの事件では、Yに過大《かだい》な権利行使を認めてXに膨大《ぼうだい》な損害

Xさん事件の図

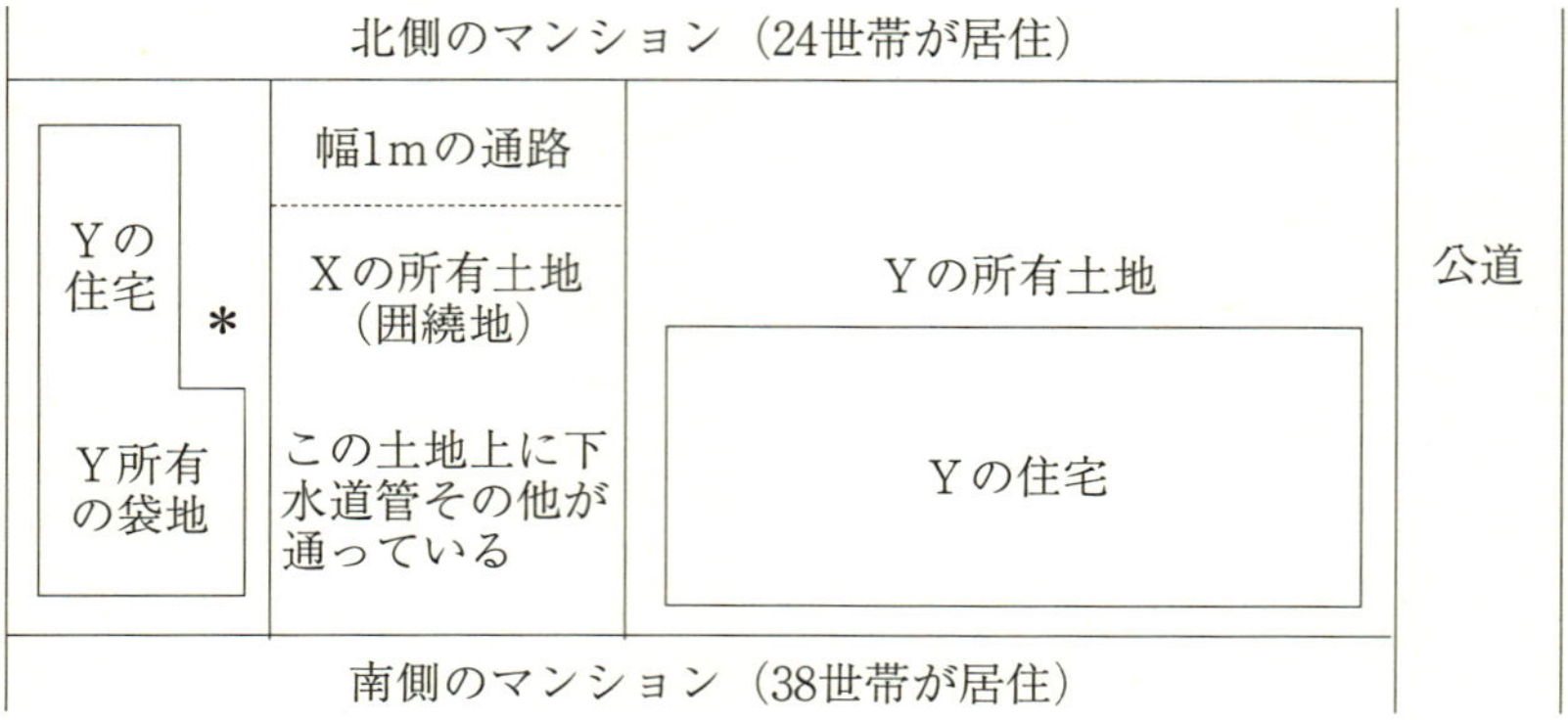

を与える変な判決だといえます。裁判官は、自由心証主義を悪用して、何でも自由勝手気儘に決めることができるのです。

裁判官は、なぜ、和解が好きか

Xさんの事件の二審（控訴審）では、裁判官がXさんに和解《わかい》（当事者が互いに譲歩して争いを止める契約）案を示して、この和解案に従《したが》わなければ、両方のマンションが使用不能となり二三億九一〇〇万円の収入が得られなくなるぞと言われて、Xさんは、しぶしぶ裁判官の示した和解案に同意したのです。第三者からみると裁判官の行為は、一種の脅しのように見えますが、これに類することはよく行われているといわれます。例えば、裁判官が、当事者双方に対して、裁判官の和解案に従わなければ敗訴《はいそ》するようなことをほのめかすのです。いずれの当事者も敗訴するなら、和解のほうがマシだと考えるのです。

なぜ、裁判官は和解を勧めるのかの主な理由は、和解で終結《しゅうけつ》すれば、自分で判決書を書く必要がなくなるからです。裁判官としては判決書を書くためには、一応、自分に都合のよい結論を出していても、その結論に合致《がっち》する証拠（書証その他の物証、証人その他の人証の証言や供述）を示して、屁理屈《へりくつ》でも理由を書く必要があります。更に、誤った判決に対しては、当然に二審に控訴され、控訴人によって、あまりにも恥ずかしい誤りが指摘されるのです。しかし、和解を勧める主な理由は、何といっても、手間のかかる判決書を書きたくないからではないでしょうか。

和解

互いに争っていた当事者（この場合は原告と被告）が互いに譲歩をして争いを止めることをいいます。民法では互いに譲歩をして争いを止めることを約束する契約を「和解契約」といいます。また、進行中の訴訟手続において裁判官が関与して行われる和解手続を「訴訟上の和解」といいます。訴訟上の和解をした場合には、裁判所が和解調書を作成しますが、この和解調書は確定判決と同一の効力を有するとされています（民事訴訟法第二六七条）。

裁判はゲーム？

裁判官は、一体、何を考えているのか分かりませんから、国民は、裁判に対応する方法がないのです。訴訟の当事者（原告と被告）は、弁護士を依頼した場合でも弁護士を通じて自分の考えを完全に主張することができますし、証拠の提出も自分の意思で自由にできますが、結論は、第三者の他人である裁判官が自由に出しますから、敗訴した当事者の努力は報われないのです。

民事訴訟は、原告か被告のどちらかが勝訴しますから、何らの努力をしなくても運がよければ勝訴する場合もあります。「裁判はゲームだ！」という人もいますが、正にその通りで、他人が決めることですから、裁判に勝つか負けるかは分からないのです。一種の賭け事のような性質をもつのです。著者は、民事裁判に「公正《こうせい》」とか「正義」を求めることは、幻想《げんそう》を求めることに過ぎないと思っています。実際に裁判をした経験のある者は、二度とこんな目に会いたくないという感想を持つことが多いのです。

Q11 「裁量権の範囲内」という理屈によって住民を敗訴させた事件は?

行政側に便利な「裁量権」とは何ですか? その裁量権という裁判官の印籠を使って住民を敗訴させる理屈とは、どんな理屈なのでしょうか?

「裁量権《さいりょうけん》という名の裁判官の印籠」事件のあらまし

A（本書著者）は、香川県高松市が建設する食肉《しょくにく》センターで使用する一日最大二五〇m^3の浄化《じょうか》後の水を海へ放流《ほうりゅう》することを理由に地元の弦打漁協《つるうちぎょきょう》に対して五億五千万円もの漁業補償金を支払ったことに対して、高松市の実施した科学的な環境影響調査の結果により漁場の海水の悪化はないことが明白であるのに必要のない違法な公金支出であるとして、地方自治法にもとづく住民監査請求《じゅうみんかんさせいきゅう》を経て、一九九七年（平成九年）に高松地裁に高松市長B個人を被告として住民訴訟を提起しました。

一審の高松地裁は、五億五千万円の公金支出は市長の「裁量権《さいりょうけん》」の範囲内であるとして原告の請求を棄却しました。裁量権の詳細は次に説明しますが、行政にとっては水戸黄門の印籠《いんろう》のように絶対的なもので、末端の職員までが市民に対して「行政の裁量権の範囲内だ!」と言って市民を泣かせています。裁判官が、「裁量権」という印籠を出すと、どんな主張をしても、証拠を提出しても無駄なのです。

漁業補償金

漁業権（都道府県知事の許可により一定の海域で一定の漁業のできる権利）の行使に加えられた制約が社会生活において一般に要求される受忍の限度を超えるほど本質的な制約であり、かつ、平等原則に反する個別的な負担であって、特定人に対する偶発的で、かつ、特別の犠牲となる場合に漁業権者に支払われる金銭をいいます。従来から、自治体は、漁業補償金の積算根拠も明らかにせずに「摑《つか》み金《がね》」として多額の金銭をところが、二審の高松高裁判決は、一審判決とは正反対のまともな判決で、本書で述べるような変な裁判官ではなかったのです。本書は、言うまでもなく全部の裁判官が変だといっているのではなく、変な裁判官の典型的な実例を紹介しているのです。行政の姿勢を正す目的の住民訴訟では、行政側の肩を持ち行政の防波堤《ぼうはてい》となろうとする裁判官が多いので、住民側が勝訴することはほとんどないのです。

二審判決（高松高裁の住民側の勝訴判決）の要旨は、次の通りです。

① 高松市は、五億五千万円の漁業補償金の支出前に二回にわたって科学的な環境影響調査を実施して当該漁場の海水の悪化のないことを知りながら、必要もないのに違法に支出したものである。弦打漁協に対して環境影響調査の結果も伝えていない。

② 五億五千万円の漁業補償金の積算根拠《せきさんこんきょ》（積算内訳）は弦打漁協にも高松市にも存在しないのに、正確な積算根拠もなしに違法に支出したものである。

③ 新食肉センターからの浄化装置による処理水の水質は、国の水質汚濁防止法や香川県公害防止条例に定める排水基準よりも浄化された水質であり、かつ、その処理水も一日最大二五〇㎥にしか過ぎない。

④ 新食肉センターからの処理水は、公共下水道が整備された後は公共下水道に放流することとされていたが、高松市は、この事実を弦打漁協に伝えず、この事実を無視して漁業権の消滅補償《しょうめつほしょう》（漁協が権利を放棄することを前提とする補

支払ってきました。

漁業権の消滅補償

漁業権の設定された海域で、その漁業権を行使して漁業をすることが不可能となる場合に行われる漁業補償をいいます。漁業権には、区画漁業権（一定の区域内で水産動植物の養殖をする漁業）、定置漁業権（漁具を定置して営む漁業）、共同漁業権（一定の海域を共同して利用する漁業）があります。これらの漁業が不可能になることにより、その漁業権を「消滅」させる必要がある場合に限り行われます。漁業権の消滅補償の金額の算出には、「公共用地の取得に伴う損失補償基準要綱」（一九六二年閣議決定）その他の資料を用いて厳格に積算をする必要があります。

償）として公金を支出した。

⑤　五億五千万円の漁業補償金の支出は、「裁量権の逸脱《いつだつ》により」なされた公金支出として全体として違法の評価を免れず、これによって高松市は同額の損害を被ったものと認められる。

⑥　市長B個人については、市長として決裁したものであるから、Bは、本来的に権限を有する者として損害賠償責任を負うことは明らかである。

ところが、三審の最高裁判所では、Bの上告（憲法違反などを理由とする上訴）は棄却《ききやく》したものの上告受理申立（二審判決の最高裁判例違反などを理由とする申立）を受理したうえ、上の①ないし⑥の各事実をすべて無視し、違法な公金支出を「裁量権の範囲内」として一審原告Aを敗訴させたのです。この判決は、近時の最高裁判決の変な動向からは「想定の範囲内」とはいえ、あまりに幼稚な「誤った恥ずべき判決」でした。

この判決は、行政側を勝たせる「結論先にありき」の誤った幼稚な判決で、最高裁らしい屁理屈《へりくつ》さえ付いていない予断と偏見と独断にもとづいた誤判決でした。「裁量権」という判断基準は、いわば「伸び縮みする物差しのようなもの」であり、例えば、一mの長さを計る物差しの基準では誰が計っても同一になるのとは異なり、裁判官の使う「裁量権」という判断基準は、伸び縮みするので、結局、水戸黄門の印籠よろしく「裁量権の範囲内だ！」といえば、それまでなのです。しばしば「法律学は真理を語る学問ではなく、紛争解決の制度であり技術である」といわれるのも法律のこのような性質によるものです。最高裁が、「裁量権の範囲内だ！」と言ってしまえば、紛争はすべて終わるのです。

行政側に便利な「裁量権の範囲内」の理屈

行政側がよく使う「裁量権の範囲内だ！」という場合の「裁量権」とは、自由裁量権を指しています。自由裁量権の理屈は、行政法の教科書によると、行政の活動は、法律にもとづき法律に従って行われるが、法律で将来起こり得る事態をすべて予測して規律することは不可能であるから、行政の自由な判断権が認められるとするものです。ただ、この理屈も、行政側の自由勝手な判断を許すものではなく、裁量権の範囲を超え、または裁量権の濫用《らんよう》があった場合には違法とされると解されています。

例えば、知事を外国大使が訪問した際に公金でコーヒーを出すことは許されても、中央官庁の職員が県庁へ出張で来た際に、官官接待（公務員同士が公金で接待すること）で一人当たり五万円の宴会《えんかい》費用を公金で支出することはできないというような理屈です。

かつては、公務員同士が公金で接待する官官接待《かんかんせったい》が盛んで、香川県土木監理課では、一カ月に九万九一一〇円の同一金額の宴会を七回も行ったとする記録が残っています。なぜ、七回とも九万九一一〇円だったのか、現在も理由は分かっていま

官官接待

中央省庁の官僚が地方の都道府県に出張して地方の公務員が税金（公金）で酒食や芸者を接待したりするのが、典型例ですが、都道府県の公務員が他の都道府県に出張して公金で飲食などの接待を受ける場合もあります。同じ都道府県の各課の公務員が公金で私的に飲食する場合も官官接待と呼ばれています。官官接待が違法な公金支出であることは言うまでもありません。

住民監査請求

住民監査請求の制度では、

① 自治体の長（都道府県知事、市町村長）、委員会（教育委員会、選挙管理委員会）、監査委員、職員の

② 違法または不当な

(a) 公金の支出（財務会計行為）

せん。

裁判所の一般的傾向は、官官接待をすべて違法としているのではなく、例えば、一人当たり六千円までなら「裁量権の範囲内」で適法であるが、それを超えた場合は、裁量権の逸脱ないし濫用として違法となるとしています。

前述した通り、「裁量権」という判断基準は、いわば「伸び縮みする物差しのようなもの」ですから、裁判官によって、自由気儘《きまま》に決められているのです。行政側の肩を持つ裁判官なら、宴会費用も一人当たり三万円までは「裁量権の範囲内」で適法であるとしたりする場合もあります。裁判例には、芸者やコンパニオンをはべらせた官官接待の宴会費用の公金支出は違法としたものがありますが、一般に、裁判官は、行政側に「甘い」裁量権の範囲を示します。読者の方で一審・二審に勝訴していても、最高裁判所は逆転の住民敗訴の判決を言い渡しますから、最高裁判所に期待しないことが無難です。

住民監査請求と住民訴訟の仕組み

住民監査請求とは、都道府県や市町村の執行機関（知事、市町村長、教育委員会、監査委員その他）や職員の「違法または不当な」公金支出その他の財務会計行為などについて住民が監査委員に対して、その行為の是正・防止・損害の補塡のために必要な措置を求める制度をいいます（地方自治法第二四二条）。

住民訴訟とは、住民監査請求をした者が、監査結果に不服がある場合に住民監

(b) 財産の取得・管理・処分（財務会計行為）
(c) 契約の締結・履行（財務会計行為）
(d) 債務その他の義務の負担（財務会計行為）
(e) 公金の賦課・徴収を怠る事実（職務怠慢・不作為）（怠る事実）
(f) 財産の管理を怠る事実（職務怠慢・不作為）（怠る事実）
の四種類の財務会計行為と二種類の怠る事実（不作為）について
③ その自治体の住民がその自治体の監査委員に対して監査を請求して
④ その違法または不当な行為の(a)事前の防止、(b)事後の是正、(c)損害の補塡、または怠る事実（不作為）を(d)改めることや(e)損害の補塡に「必要な措置」を講ずべきことを請求することができます。

査請求の対象とした「違法な」公金支出その他の財務会計行為などについて損害の補塡、行為の差し止めなどを求めて提起する訴訟をいいます（地方自治法第二四二条の二）。

住民監査請求は、「違法または不当な」公金支出その他の財務会計行為があった時から一年以内に請求する必要があります。監査委員は、請求から六〇日以内に監査の結果を請求人に通知する必要があります。

住民訴訟を提起する場合は、請求人は、監査結果の通知があった日から三〇日以内に訴えを提起する必要があります。住民訴訟は、監査請求をした者に限って提起することができます。住民監査請求は「違法または不当な」行為が対象となりますが、住民訴訟は「違法な」行為しか対象となりません。

住民監査請求をするには、各自治体に置かれている監査委員（都道府県と二五万人以上の市は四人、町村は二人、その他は三人または二人）に対して住民監査請求書を提出しますが、監査委員は、ほとんど全部、住民からの請求を認めません。住民からの請求を認めた正確な統計はありませんが、筆者の体験と取材によると九九％は住民からの請求を認めない結論になっているのではないかと考えています。その理由は、監査委員の制度自体が行政の防波堤の役目をしているからです。住民からの請求を認めなくても、住民が住民訴訟を提起する確率は著しく低いので、その事件

住民訴訟

住民訴訟の制度では、自治体の監査委員に対して住民監査請求をした者は、その自治体の事務所（都道府県庁や市町村役場）の所在地を管轄する地方裁判所に対して、その「違・法な」行為の(a)事前の防止、(b)事後の是正、(c)損害の補塡、または怠る事実（不作為）を(d)改めることや(e)損害の補塡を請求することができます（本書著者の『ひとりでできる行政監視マニュアル』（緑風出版）九三頁以下参照）。

は、そのままで終わってしまうからです。

住民訴訟を提起するには、監査委員の監査結果の通知を受けた日から三〇日以内にその自治体の事務所（都道府県庁や市町村役場）所在地を管轄する地方裁判所へ訴状を提出する必要があります。原告住民が弁護士を依頼するかどうかは自由ですが、住民の勝訴判決が確定した場合には、弁護士費用が公金から支出されます。

この事件の背景

高松市は、一九九七年（平成九年）に市内の海に面した土地に食肉センターの建設を開始しましたが、建設予算の総額は議会の議決を得たものの、予算の明細は開示されず、議員にも市民にも漁業補償金の金額は一切明らかにされませんでした。Aは、地元の四国新聞が、どこかの漁協に二億円の漁業補償金を支払ったらしいという記事を掲載したので、二億円の違法支出とその他の漁業補償について一九九七年（平成九年）四月に住民監査請求をしました。Aは、監査請求が棄却（請求を認めないこと）された後、漁業補償金の支出責任者である市長B個人を被告として高松地裁に二億円の返還請求をしたのです。

ところが、何と、住民訴訟の審理が始まってみると、被告Bは、二億円以外にも三億五千万円の合計五億五千万円の漁業補償金を支払うという弦打漁協との間の「覚書《おぼえがき》」があるというのです。これには驚きましたが、Aは、請求額を五億五千万円に変更しました。

この事件の教訓として、住民訴訟では住民側の勝訴判決は期待できないものの、行政側からの多数の資料を取得することができて真実を明らかにするのには役立つのです。

この裁判での原告住民Aの主張と証拠

この裁判での原告住民Aは、次のように主張をしたほか、それを立証する証拠を提出しました。原告住民Aの主な主張の要点は、次の通りです。

① 高松市が五億五千万円の漁業補償金の支出前に二度にわたって実施した科学的な環境影響調査の結果でも、その漁場の海水の悪化のないことは証明されていた。

② 新食肉センターから海に排出する浄化装置による処理水の水質は、次の通り国の水質汚濁防止法による排水基準や香川県公害防止条例による排水基準と比較しても、より浄化された水質となっている。

(1) 新食肉センターの操業開始後に予定されていた排出水の水質

BOD　最大一〇mg／ℓ　　日間平均　八mg／ℓ

COD　最大二〇mg／ℓ　　日間平均一八mg／ℓ

SS　最大一〇mg／ℓ　　日間平均　五mg／ℓ

(2) 水質汚濁防止法（排水基準を定める省令）による排出基準

BOD　最大一六〇mg／ℓ　　日間平均一二〇mg／ℓ

COD　最大一六〇mg／ℓ　　日間平均一二〇mg／ℓ
SS　最大二〇〇mg／ℓ　　日間平均一五〇mg／ℓ

(3)　香川県公害防止条例による排水基準
BOD　最大三〇mg／ℓ　　日間平均二〇mg／ℓ
COD　最大三〇mg／ℓ　　日間平均二〇mg／ℓ
SS　最大五〇mg／ℓ　　日間平均四〇mg／ℓ

③　新食肉センターの排水口と漁場の間は一五〇m以上もあり、高松市が実施した科学的な環境影響調査の結果によると、排水口から三六・七六mの範囲内しか影響がないとされている。排出量も、わずか一日最大二五〇m³にしか過ぎない。

④　新食肉センターからの処理水は、公共下水道が整備された後は公共下水道に放流することとされていたのに、高松市は、この事実を漁協側に伝えず、かつ、この事実を無視して必要もないのに漁業権の「消滅」補償として違法な公金を支出した。

⑤　新食肉センターは一九九九年（平成十一年）十一月に操業を開始し、公共下水道は二〇〇一年（平成十三年）八月に運用開始したのであるから、かりに漁業補償をすると仮定しても、被告の主張の通りに計算すると影響補償として四八〇〇万円で済んだので、五億五〇〇〇万円－四八〇〇万円＝五億二〇〇〇万円の損害を高松市に与えた。

影響補償

漁業権の設定された海域で、その漁業権を行使して漁業をすることに悪影響がある場合に行われる漁業補償をいいます。漁業権を消滅させる必要のない場合です。本件事件でも、仮に漁業補償が必要であると仮定しても、一九九九年（平成十一年）十一月から二〇〇一年（平成十三年）八月までの間の漁業補償で済んでいたのに裁判官は何らの検討もしていません。

⑥　漁業補償五億五〇〇〇万円の積算内訳（積算根拠）も存在しない何らの根拠のない違法支出である。高松市の久保道典担当課長は、弦打漁協から積算内訳を「口頭で聞いた」と証言したが、五億五〇〇〇万円の積算内訳を口頭で聞いたとは考えられない。

⑦　公共下水道に処理水を放流することのできる二〇〇一年（平成十三年）八月以降については、裁量権の問題は生じない。

⑧　漁業補償交渉の最高責任者であった遠藤孝証人のいう「差別をなくする」ために漁業補償をしたという主張は誤りであり、差別解消は別の対策によるべきである。

⑨　漁業補償五億五千万円の積算には、少なくとも次の客観的なデータが必要であるが、高松市はこれらの客観的なデータさえ保有していない。

ア　相当期間（過去五年間程度）の各漁業者別の総収入金額
イ　相当期間（過去五年間程度）の各漁業者別の必要経費及び所得額
ウ　漁具等の売却損
エ　魚種別の漁場依存率
オ　転業期間に係るデータ
カ　純収益を資本還元する場合の年利率
キ　自家労賃に係るデータ

批判するにも値しない呆れた最高裁判決の暴論

この事件の最高裁判決は、上記の科学的な環境影響調査の結果を無視し、原告住民の主張する客観的な証拠も無視して、「結論先にありき」の幼稚な暴論を展開する裁判の名に値しないものです。原告住民の主張する上記①ないし⑨の証拠も無視して、ひたすら「裁量権」という名の印籠を振りかざしているのです。一九九七年(平成九年)六月の住民訴訟の提起から二〇〇六年(平成十八年)三月までの九年近くの審理の最高裁の幼稚な結論がこれでは、原告住民は無駄な努力をしたことになりますが、所詮、裁判所とは、そのようなものなのです。本来、裁判所に期待することが間違いなのです。

裁判官が、「裁量権」という名の印籠を振りかざした場合には、そこには常識は通用しないので、原告住民は敗訴するのです。裁判官は、何でも、行政のやることは「裁量権の範囲内」といいたがるものなのです。

読者におかれましては、これらの事実を十分に理解したうえで、国家機関たる裁判所を「利用」することをお勧めします。

Q12 行政を相手方とする行政事件訴訟は、やるだけ無駄ですか？

行政事件訴訟はなかなか住民が勝てないと言われますが、立証責任が行政側にあるとされる取消訴訟でも、住民側が勝てない理由は、何ですか？

「勝てない行政事件訴訟」事件のあらまし

香川県の公務員が香川県庁生協、讃岐《さぬき》会館、民間事業者（印刷業者、事務用品販売業者その他）を利用して作った裏金（公務員が虚偽公文書作成罪などの犯罪行為により公金から支出させて公務員が勝手に使えるようにしたオモテに出せない金員）は、発覚《はっかく》しただけでも八億三千万円にものぼりますが、香川県知事は、A（本書著者）が香川県情報公開条例にもとづいて裏金形成に使用した「民間事業者の会計書類」の公開請求をしたのに対して「非公開処分」をしたので、この非公開処分の取消を求めて取消訴訟（行政事件訴訟）を提起しました。

一審判決は、原告Aの主張を認めて「民間事業者の会計書類」の開示《かいじ》を命じましたが、二審判決は、正反対に行政側（香川県）の主張を認めて原告A敗訴の誤った判決を言い渡しました。誤った原因は、事実の認定の誤りにありますから、最高裁判所は、事実認定の誤りについては審理をしませんので、上告はできずに、結局、

行政事件訴訟

行政事件訴訟法に規定する①抗告《こうこく》訴訟、②当事者訴訟、③民衆訴訟、④機関訴訟をいいます。①が最も重要です。

① 抗告訴訟とは、行政庁（自治体や国のような行政主体のために意思決定をする権限を有する知事・市町村長・大臣のような行政機関）の公権力の行使（行政庁の国民に命令し強制する権限を行使する行為）に対する不服の訴訟をいいます。例えば、行政庁の処分の取消の訴え、裁決の取消の訴え、

二審の誤った判決が確定して、民間事業者に関する裏金形成については、永久に闇の中ということになりました。

情報公開条例にもとづく公開請求に対する行政側の非公開処分の取消訴訟の仕組みは簡単で、原告住民側は、非公開処分は違法であると主張しさえすればよく、被告の行政側が情報公開条例に規定する非公開事由に該当することを立証する必要があるのです。立証責任を負わない原告住民側にとって有利な仕組みになっているにもかかわらず、裁判官は、多くの場合に「結論先にありき」の姿勢で行政側を勝たせるのです。

行政側は、取消訴訟で敗訴したところで、本来は公開する必要のある文書を公開するだけですから何らの不利益もないのに、裁判官は、行政事件訴訟では、なかなか原告住民側を勝たせないのです。

行政処分の取消訴訟の特色

行政処分とは、例えば、自治体の情報公開条例にもとづく公開請求に対して自治体の長（知事、市町村長）などの行政機関が情報の公開または非公開の決定（処分）をする場合のような行政庁《ぎょうせいちょう》の公権力《こうけんりょく》の行使をいいます。例えば、知事は、公開請求をされた文書がその自治体の情報公開条例の非公開事由に該当すると判断した場合に非公開処分をすることになります。

行政庁とは、例えば、知事、市町村長、教育委員会、監査委員、大臣のような

処分の無効確認の訴えがあります。

② 当事者訴訟とは、(a)当事者間の法律関係を確認しまたは形成する処分または裁決に関する訴訟で法令の規定によりその法律関係の当事者の一方を被告とするものと、(b)公法上の法律関係に関する確認の訴えその他の公法上の法律関係に関する訴訟をいいます。例えば、(a)には土地収用法の補償金の増額請求訴訟があり、(b)には懲戒免職処分のあった公務員の地位確認訴訟や退職金支払請求訴訟があります。

③ 民衆訴訟とは、国や自治体の機関の法規に適合しない行為の是正を求める訴訟で、選挙人たる資格その他自己の法律上の利益にかかわらない資格で提起するものをいいます。例えば、地方自治法に規定する住民訴訟があります。

自治体や国（行政主体）のために意思決定をする権限を有する行政機関をいいます。公権力の行使とは、行政庁の行為のうち、その行為によって直接に国民に対して命令し強制する権限を行使することをいいます。判例によると、行政庁の処分とは、行政庁の行為によって直接国民の権利義務を形成しまたはその範囲を確定することが法律上認められているものをいいます。

上例の香川県の公務員が裏金形成に使用した内容虚偽の公文書である会計書類や民間事業者に提出させた内容虚偽の見積書・請求書のような私文書の公開請求を受けた場合は、香川県知事その他の実施機関（例えば、教育委員会、監査委員その他の行政機関や議会）は、その公開請求に対して、これらの会計書類を公開するか非公開にするかの行政処分をすることになります。公開の処分がなされた場合は一般に問題となりませんが（形式上は全部公開の処分としているが、実際には一部公開に過ぎない場合は問題となります）、全部非公開または一部非公開の行政処分がなされた場合には、公開請求者は、その非公開処分に不服ですから、その非公開処分の取消を求めて行政事件訴訟法に規定する取消訴訟を提起することになります。

上例の香川県知事の「民間事業者の会計書類」の非公開処分の取消訴訟の場合は、典型的な「処分の取消の訴え」となりますが、この取消訴訟の特色として、通常の民事訴訟の場合（例えば、交通事故の被害者が加害者に対して損害賠償請求をする場

---

④　機関訴訟とは、国や自治体の機関相互間における権限の存否またはその行使に関する紛争についての訴訟をいいます。例えば、国の機関の相互間、国と自治体の相互間、自治体相互間の権限の存否などの紛争があります。

行政事件訴訟の手続は、行政事件訴訟法に特別の規定のない限り、民事訴訟の手続によって進められます。

立証責任

民事訴訟において、特定の事実の真偽不明の場合に、不利な判断を受けるように定められている当事者の不利益のことをいいます。証明責任ともいいます。立証責任をいずれか当事者の一方に負担させることによって、特定の事実の真偽が不明の場合にも裁判を可能にしているのです。立証責任を負うのは当事者の一方の

合、貸金返還請求訴訟）とは異なり、原告（住民側）は、行政庁の非公開処分がその自治体の情報公開条例の非公開事由に該当しないことを立証（証明）する必要はないのです。つまり、非公開事由に該当することの立証責任《りっしょうせきにん》（証明責任）は行政庁側にあるのです。

立証責任（証明責任）とは、ある事実（例えば、非公開事由に該当するか否かの事実）が真偽《しんぎ》不明の場合に不利な判断を受けるように定められている当事者（原告または被告）の不利益のことをいいます。立証責任をいずれか一方の当事者（原告または被告）に負担させることによって、事実の真偽不明の場合にも裁判を可能にしているのです。立証責任を負うこととされる当事者が立証できなかった場合には敗訴することになります。

立証責任を負う者は、法律の規定によって当事者のいずれか一方が負うこととなり、当事者双方が立証責任を負うことはないのです。立証責任を負うこととされる者は、立証の義務を負いますから、敗訴の可能性が高くなりますので、民事訴訟では不利になります。例えば、交通事故の被害者が加害者に対して損害賠償請求をする場合は、加害者に故意または過失があった事実、被害者に生じた損害額、加害者の行為と損害の発生との間の因果関係などを被害者が立証する必要があります。

情報公開請求に対する非公開処分の取消訴訟での立証責任

自治体の情報公開条例にも国の情報公開法にも、立証責任が行政機関の側にあ

みで、当事者双方が立証責任を負うことはありません。通常の民事訴訟では原則として原告が立証責任を負いますが、行政庁のした処分の取消訴訟では被告の行政庁が立証責任を負います。

取消訴訟
行政庁の処分その他公権力の行使に当たる行為の取消を求める訴訟をいいます。行政処分の取消は、権限のある行政機関の処分の取消の決定があるかまたは裁判所での取消訴訟の勝訴判決の確定によりますが、裁判所の手続により取消を求める訴訟をいいます。

情報公開条例
自治体（都道府県や市町村）の住民に自治体の行政機関（例えば、知事、市町村長、教育委員会、監査委

る旨の明文の規定はありませんが、情報を保有している行政機関が非公開事由に該当すると判断したのですから、行政機関の側に非公開事由に該当することの立証責任があると解されています。情報公開条例でも国の情報公開法でも、情報は公開が原則ですから、例外的に公開を拒否しようとする行政機関側が例外事由に当たることの立証責任を負うと解されているのです。

従って、公開請求対象の情報が例外事由である情報公開条例や情報公開法の非公開事由に該当することを行政機関側が立証することができなかった場合には、裁判所は、それらの情報の公開を命ずる必要があるのです。

前述した通り、立証責任を負う者（行政側）は、理論的には当然に敗訴の可能性が高くなりますが、実際には、多くの場合に原告住民の敗訴とされています。所詮、裁判官に立証責任の所在を言ってみても、被告の行政側の言い分は認めるが、原告の住民側の言い分は認めないといった事実認定をされたのでは、判決の結論は、当然に被告の行政側に有利になるのです。世間で、しばしば「勝てない行政事件訴訟」とか「行政事件訴訟は、やるだけ無駄！」と言われているのは、裁判官への信用が失われているからです。

行政側にあまりにも都合のよい「公定力」という理屈

行政法の教科書や公務員試験の参考書として、戦後、長年にわたって使用されてきた代表的な教科書である田中二郎・著「行政法」によると、「公定力《こうていりょく》」とは、「違

員）の保有する情報を開示させる権利を保障した条例をいいます。条例とは、都道府県や市町村の議会の制定する法規をいいます。条例を制定せずに「要綱」で開示をしている自治体もありますが、住民に恩恵的に開示をしているもので、住民に開示請求権を保障したものではありませんから、非開示とされた場合に法律的に不服申立をすることができません。情報公開条例により非開示とされた場合は、行政不服審査法によって不服申立（異議申立または審査請求）をすることができます。

（詳細は、本書の著者による『ひとりでできる行政監視マニュアル』（緑風出版）一一三頁以下参照）

公文書
公務員または公務所（官公庁その他の公務員が職務を行う所）が職務

法の行政行為も、当然無効の場合は別として、正当な権限を有する機関による取消のあるまでは、一応、適法の推定を受け、相手方はもちろん、第三者も、他の国家機関もその行政行為の効力を無視することができない効力をいう」としています。

右の代表的教科書によると、「公定力」という理屈は、たとえ行政庁の違法な行政処分（例えば、違法な非公開処分）であっても、適法の推定を受け、権限を有する行政機関や裁判所による取消のあるまでは有効な行政処分として通用するというのです。

この「公定力」という理屈に従うと、情報公開条例に規定する非公開事由に該当しなくても、行政側（行政庁）が非公開事由に該当するとして非公開処分をした場合は、結局、裁判所による取消判決を得るまで公開しなくてもよくなるのです。理論的には、行政庁が自ら自分の非公開処分の違法性を認めて原処分（元の処分）の取消をした場合も公開されることになりますが、一般に自分のした非公開処分（行政処分）の違法性を認めて職権で取り消すことは考えられませんから、裁判所による取消判決を得るしか公開を求める方法はないのです。

実際には、情報公開条例を利用する一般の住民が、行政庁の非公開処分の都度《つど》、裁判所に非公開処分の取消訴訟を提起することはあり得ませんから、行政側は、たとえ違法であろうと、いったん非公開処分にしておけば、一件落着《いっけんらくちゃく》と考えるわけです。行政側にあまりにも都合のよい「公定力」という理屈で、国民は、いじめられているのです。

上作成する文書をいいます。公文書については公務員が職務上作成したものと認めるべきときは、真正に成立（作成名義人が作成したこと）したものと推定されますから（民事訴訟法第二二八条第二項）、私文書とは扱いが異なります。公用文書（公務所の用に供する文書で私文書も含まれます）と公文書とは異なります。

私文書

公務員または公務所が職務上作成する公文書以外の文書をいいます。私文書は、本人またはその代理人の署名または押印がある場合は、真正に成立したものと推定されます（民事訴訟法第二二八条第四項）。

「公定力」という理屈の悪用例

例えば、あなたが、来月三〇日の午後一時から午後五時まで市民会館の会議室の使用許可申請をした場合に、行政側が会議室の使用ができるにもかかわらず、違法に不許可処分をした場合は、あなたには、法律的にも救済《きゅうさい》の方法はないのです。

その理由は、違法な不許可処分（違法な行政処分）でも、権限のある行政機関や裁判所による取消のあるまでは適法の推定を受け有効な不許可処分として通用するという理屈によるものです。行政機関は取消をしないし、裁判所の結論が出るまでには何年もかかるからです。

この場合の救済手段としては、行政不服審査法による不服申立（この場合は異議申立）という方法がありますが、この行政不服審査法による不服申立に対しては、いつまでに結論を出す必要があるという期限の規定はありませんから、何年も放置されることもあります。更に、市民会館会議室の使用期日である「来月三〇日」の経過によって不服申立の利益がなくなったとして不服申立そのものが却下（門前払い）されることになります。

次に、もし仮に裁判所に不許可処分の取消訴訟を提起したとしても、行政側は、税金で最高裁判所まで争いますから、使用期日である「来月三〇日」までに判決が出ることはあり得ません。結局、行政側が違法な不許可処分をしても、あなたには、使用期日に使用できるようにする救済の手段はないのです。

行政不服審査法による不服申立

行政不服審査法による不服申立には、①上例の市民会館会議室使用の不許可処分をした市長に対するような上級の行政機関のない場合の異議申立と、②県の出先機関の長の不許可処分に対する知事への不服申立のように上級の行政機関のある場合の審査請求とがあります。①の場合は、自分自身の行政処分の違法性を認めることはありませんが、②の場合は上級の行政機関に対する不服申立ですから、行政処分の違法性を認める場合があるように思われるかも知れませんが、所詮、行政側は「同じ穴のムジナ」ですから、住民の申立を認めることはほとんどありません。行政不服審査法による不服申立の制度は、国民の不満に対する一種の「ガス抜き」の制度ともいえます。

もう一つの実例をあげますと、Yさんは、香川県の高松港の貨物岸壁《かもつがんぺき》（係留施設）の特定日時の使用許可申請をしましたが、香川県の出先機関の長が不許可処分にしました。この場合も、Yさんは行政不服審査法による不服申立（この場合は上級機関の香川県知事に対する審査請求）をしましたが、前記の会議室使用の場合と同様に使用予定期日が経過したので「不許可処分の取消を求める利益が失われた」として審査請求は却下（門前払い）されました。

違法な処分に対する行政不服審査法による不服申立も、違法な処分の取消訴訟の提起も、ともに違法な処分の効力を停止して許可された状態になることはないのです。行政事件訴訟法に規定する執行停止の申立の制度も同様で、不許可処分の効力を停止しても許可された状態を形成するわけではありませんから、執行停止の申立をしても無駄なのです。

最後の救済手段として、公務員の違法行為（違法な不許可処分）に対しては、理論上は国家賠償法《こっかばいしょうほう》による損害賠償請求訴訟を提起することができますが、これも、結局は、行政機関を被告とする訴訟ですから、日本の裁判官の性質上、勝訴する可能性は著しく低いものとなっています。

ただ、前記の市民会館会議室や港湾施設の使用許可申請に対して、公務員が適法な許可申請であることを知りながら、故意に（わざと）恣意的に（自分の思うままに）不許可処分をして申請者の権利の発生を妨げる行為は、刑法上は、公務員職権濫用罪（刑法第一九三条）の犯罪行為となります（本書の著者による『公務員の個人責任を追及する法』（緑風出版）二四頁以下参照）。

身近な典型的な悪用例をあげますと、すでに述べた情報公開条例や情報公開法の非公開事由に該当するとして行政機関が非公開処分をする場合です。行政機関のした非公開処分の適法性（非公開事由に該当すること）を主張し立証する責任は行政側にありますが、結局、裁判手続を経ないと結論は出ないのです。非公開処分に対する取消訴訟を提起する原告住民は、ほとんどいませんから、行政側は、違法と知っていて非公開処分をしても何らの不利益を受けることはないのです。

各自治体の情報公開条例や国の情報公開法には、詳細な非公開事由が規定されていますが、当然にこれらの規定は抽象的にしか規定されていませんから、行政庁が故意に恣意的に違法な非公開処分をしても、代表的教科書によると、違法な非公開処分でも「適法の推定を受け」ることとされますから、国民は、裁判所による非公開処分の取消判決を得る以外には開示を受けることはできないのです。

非公開処分の取消訴訟の立証責任のもう一つの理屈

戦後の行政法の代表的教科書（田中二郎・著『行政法・上巻』）によると、行政処

公務員職権濫用罪

刑法第一九三条は、「公務員が、その職権を濫用して、人に義務のないことを行わせ、または権利の行使を妨害したときは、二年以下の懲役または禁錮に処する」と規定しています。この場合の「権利の行使を妨害したとき」とは、法律上認められている権利の行使を妨害することをいいますから、例えば、許可・認可を与える権限を有する公務員が、適法な許認可申請に対して故意に恣意的に許否処分をして権利の発生を妨げる場合がこれにあたります。

分（例えば、情報公開請求に対する非公開処分）については、適法の推定がなされ、いわゆる公定力が認められるとともに自力執行力《じりきしつこうりょく》（行政処分の内容を自力で実現しうる効力）が与えられるので、行政処分の取消を求める者は、その適法性の推定を覆《くつが》えし、その違法のゆえんを立証する責任を負うべきものと解するのが妥当である（「行政法・上巻」一九五三年二月、三七二頁）として、非公開処分の取消訴訟の原告住民が「その適法性の推定を覆えし、その違法のゆえんを立証する責任を負う」として、行政側にあまりにも都合のよい理屈を述べています。この理屈が公務員試験などで広く宣伝されていたのです。

しかし、この教科書に述べるような一般的に行政処分（行政行為）の適法性が推定されるということはないのです。行政処分（行政行為）は法律にもとづかなければならないのですから、行政処分が行政庁の行為であるというだけで、法律にかなったものであるとする根拠はないのです。行政は、法律（立法）を土台として、それに基礎をおいて初めて行政となりますから、行政が行政だけ独立して適法となるということ自体矛盾なのです。適法とは、法律（立法）にもとづいて生ずる効果だからです。行政処分に適法性の推定を求めることは、何らの根拠を持たないものであって、この説ほど行政権の専横を許したものはないのです（高根義三郎・著『行政訴訟の研究』六四頁）。

前述した通り、現在においては、行政法の通説・判例ともに、取消訴訟におい

自力執行力

行政処分（行政行為）は、相手方の意思に反しても、その内容を強制し実現しうる力を有するとする学説による行政処分の効力をいいます。これを主張する者は自力執行力を「行政行為の実効性」ともいいます。

ては、被告となった行政庁が自分のした行政処分の適法性を主張し立証する責任があるとされています。この適法性の主張・立証が不十分であれば、行政処分の適法性の維持《いじ》は許されないので、その行政処分は違法と確定しますから、行政処分の違法性が確定すると、当然に裁判所は判決で行政処分の取消を宣告する必要があります。情報公開請求に対する非公開処分の場合には、裁判所は、行政庁に公開を命ずることになります。

非公開処分の取消訴訟の仕組みと本件訴訟の経緯

本件取消訴訟の「請求の趣旨《しゅし》」（原告が、その訴えでどのような内容の判決を求めるのかの記載）は、「①被告が、原告に対して二〇〇二年（平成十四年）十月十日付一四行企第二〇三七九号文書でなした行政文書非公開決定処分を取り消す。②訴訟費用は被告の負担とする」としていました。

原告Aが、この取消訴訟で非公開処分の取消を求めた主な行政文書は、香川県の公務員が民間事業者（印刷業者、事務用品販売業者その他）を利用して作った裏金形成に使用した「民間事業者関係の会計書類」でした。被告の香川県は、香川県情報公開条例の非公開事由の一つである「公にしないとの条件で任意に提供された情報」であると主張して公開を拒否してきたのです。これに対する原告Aの主な主張は、次の通りです。

一　公務員の裏金形成行為は、虚偽公文書作成罪《きょぎこうぶんしょさくせいざい》（刑法第一五六条）や虚偽公文

虚偽公文書作成罪・虚偽公文書行使罪

虚偽公文書作成罪とは、公務員が、その職務に関して行使の目的で内容が虚偽である公文書を作成する犯罪

書行使罪（刑法第一五八条）に該当する重大な犯罪行為であって、これらの犯罪行為に加功した（関与した）民間事業者は共犯者であり、民間事業者と非公開約束をする行為自体が犯人を匿《かくま》う罪（刑法第一〇三条）や刑事事件の証拠を隠滅《いんめつ》する罪（刑法第一〇四条）に該当する犯罪行為である。

二　公務員は、その職務を行うことにより犯罪があると思ったときは、刑事訴訟法第二三九条第二項の規定により、捜査機関に犯罪事実を告発する義務があるのであって、本件裏金形成行為の調査に当たった公務員は、裏金形成に係る虚偽公文書作成罪、虚偽公文書行使罪その他の犯罪行為を知り得たのであるから告発をする義務があるのである。

三　本件取消訴訟の特質は、通常の行政文書の非公開処分の違法性を争っているものではなく、その公開請求対象文書は、香川県の公務員による虚偽有印公文書作成罪の犯罪行為によって作成した文書であり、虚偽有印公文書行使罪の犯罪行為により行使しまたは犯罪行為を組成《そせい》した物であって、本件公開請求対象文書の公開の必要性は、公益性《こうえきせい》の観点からも通常の行政文書に比べて高いのである。

一審判決は、次の非公開部分についての非公開処分を取り消し、民間事業者の会計書類の公開を命じました。

①　裏金についての調書（各課別集計表）の民間事業者（個人事業者も含む）について記載された部分

をいいます。刑法第一五六条は、虚偽公文書作成罪について「公務員が、その職務に関し、行使の目的で、虚偽の文書もしくは図画を作成し、または文書もしくは図画を変造したときは、印章または署名の有無により区別して、前二条（詔書・公文書偽造罪）の例による」と規定しています。刑罰は、印章または署名のある公文書では一年以上十年以下の懲役、印章または署名のない公文書では三年以下の懲役または二〇万円以下の罰金とされています。

虚偽公文書行使罪とは、公務員が、その職務に関して行使の目的で作成した内容虚偽の公文書を行使する犯罪をいいます（刑法第一五八条）。行使とは、内容虚偽の公文書を真実の公文書として使用することをいいます。刑罰は、虚偽公文書作成罪の場合と同様になります。

②　裏金についての調書（部局別集計表）の民間事業者（個人事業者も含む）の名称等特定の事業者が分かる部分

③　裏金についての調書（各課別集計表）の民間事業者（個人事業者も含む）に係る会計書類（ただし、印影・銀行名・口座種別・口座番号の金融機関情報を除く）

完敗をした香川県は、高松高等裁判所へ控訴（上訴）をしました。

ところが、高松高等裁判所の二審判決の主文は、「①原判決中、控訴人（香川県知事のこと）敗訴部分を取り消す。②上記部分に係る被控訴人（原告Aのこと）の請求を棄却する。③訴訟費用は、第一、第二審を通じ、被控訴人の負担とする」とした逆転の原告全面敗訴の判決を言い渡したのです。

行政事件訴訟には、本書Q11の住民訴訟のように被告に損害賠償を求めるものもあり、裁判官は、同じ公務員同士のかばいあいから行政側に有利な判決をする場合が多いのですが、非公開処分の取消訴訟では、その文書を公開しても公務員に何らの不利益もないことから、原告住民の請求を認めることもありますが、この取消訴訟の判決では、見事なまでに「原告全面敗訴」の異常な判決を言い渡したのです。

「行政訴訟はやるだけムダ！」「門前払いというふざけた訴訟」「行政側の言うなりになる裁判所」（山口宏・著『裁判の秘密』一八九頁以下）と言われる原因は、すべて裁判官自身にあるのです。

Q13 裁判官が、慰謝料を認めるのに臆病な理由は、何ですか？

裁判官は、慰謝料の算定をどのようにしているのですか？　一定の基準はないのでしょうか？　裁判の都度、算定が変わるのでは、不安なのですが……。

「分からないから認めない？　慰謝料」事件のあらまし

Ａ（本書著者）は、本書Ｑ11に紹介した高松市食肉センター建設に伴う弦打《つるうち》漁協への五億五千万円の漁業補償金の違法な公金支出を調査するために高松市情報公開条例にもとづき関係文書の公開請求をしたのに対して高松市長が非公開処分をしたので、同条例の規定にもとづき行政不服審査法《ぎょうせいふふくしんさほう》による非公開処分への不服申立（異議申立）をしていました。

同条例の規定では、行政不服審査法による非公開処分への不服申立があった場合は、市長（実施機関）は、同条例に規定する高松市情報公開審査会（民間人五人で構成）に対して非公開処分が妥当であったか否かの答申《とうしん》を得るための諮問《しもん》をすることとしています。

Ａからの不服申立に対して高松市情報公開審査会は、二〇〇二年（平成十四年）八月九日付の答申文書二件で、漁業補償金を支出した漁協の名称、所在地、代表者

行政不服審査法

行政庁（自治体や国のような行政主体のために意思決定をする権限を有する知事・市町村長・大臣のような行政機関）の違法または不当な処分その他公権力の行使（行政庁の国民に命令し強制する権限の行使）に当たる行為に対して広く行政庁に対する不服申立のみちを開くことによって簡易迅速な手続による国民の権利利益の救済を図るとともに、行政の適正な運営を確保することを目的とする法律をいいます（行政不服審

名、漁協組合員数、漁業権の名称、漁業補償の内容と漁業補償額、自治会長氏名、立会人氏名その他の一定事項を公開する必要がある旨を高松市長に対して答申をしたのです。

高松市情報公開審査会からの答申は、市長からの諮問に基づく答申ですから、法律的には市長は答申内容に従う法的義務はないものの「市長（行政側）にとって都合のよい答申には従うが、都合の悪い答申には従わない」といった恣《し》意的な態度をとったのでは、高松市情報公開審査会の存在意義が問われますから、従来から実務上は、答申には必ず従うことにしていたのです。実際には、答申を受け取った日から、おおむね一カ月以内ないし二カ月以内には、当該各文書を公開請求者に対して公開をしてきたのです。

ところが、高松市民A（原告）に対してだけは、高松市情報公開審査会からの答申を受けた後、七カ月余も経過しても、答申に従った公開をしないばかりか、公開するか否かの決定もしないまま違法に放置《ほうち》したのです。

そこで、Aは、高松市長（公務員）の違法な不作為を理由に多大の精神的苦痛を受けたとして国家賠償法第一条第一項の規定に基づき一〇万円の慰謝料《いしゃりょう》の支払いを求める国家賠償請求訴訟を提起しました。

ところが、裁判官は、判決書で「原告がその法的利益として主張するところは、高松市長の判断が示されないことによる一般的な焦燥《しょうそう》の感情以上のものではない」として原告Aの請求を認めませんでした。裁判官は、慰謝料（精神的損害に対する賠

査法第一条）。

高松市情報公開審査会

行政不服審査法による不服申立があった場合に公正な審査を行うために高松市情報公開条例の規定に基づき設置したもので委員五人で構成されています。他の自治体の条例でも同様の情報公開審査会が設けられています。非開示処分をした行政庁は情報公開審査会に諮問をして審査会の答申を得てから開示・非開示を決定しますが、審査会が開示をすべき旨の答申をした場合は通常は答申に従って開示をしています。

国家賠償法

①自治体や国の公権力の行使に当たる公務員が職務を行うについて他人に損害を与えた場合の損害賠償責任と、②自治体や国の道路・河川そ

償金）についての判断を自分の感情を基準として判断したのか、他人の精神的苦痛は分からないのか、それとも、行政側の肩を持ったのか、慰謝料請求を認めようとしないのです。

慰謝料とは

慰謝料とは、精神的損害に対する賠償金のことをいいます。民法第七一〇条は、「他人の身体、自由若しくは名誉《めいよ》を侵害した場合又は他人の財産権を侵害した場合のいずれであるかを問わず、前条（民法第七〇九条）の規定により損害賠償の責任を負う者は、財産以外の損害に対しても、その賠償をしなければならない」と規定して「財産以外の損害」に対しても損害賠償責任を認めているのです。

民法第七一〇条は、財産以外の損害として「身体・自由・名誉」の侵害を規定していますが、これらに限定されるものではなく、生命・貞操《ていそう》その他の人格権的権利も含まれるものと解されています。

財産以外の損害（非財産的損害）とは、精神的損害を意味します。精神的損害とは、違法な行為（不法行為）によって生じる精神的な苦痛であって、その賠償金は「慰謝料」と呼ばれます。

民法第七〇九条は、一般の不法行為の要件として、「故意《こい》又は過失《かしつ》によって他人の権利又は法律上保護される利益を侵害した者は、これによって生じた損害を賠償する責任を負う」と規定しています。この要件は、非財産的損害（精神的損害）の

の他の公の施設の設置や管理の瑕疵《かし》（欠陥）によって他人に損害が生じた場合の損害賠償責任について規定した一九四七年（昭和二十二年）に公布された法律をいいます。損害賠償請求の手続は通常の民事訴訟と同様になります。

場合も同様です。

民法第七〇九条の一般の不法行為の成立要件は、次のようになっています。原告は、原則的にこれらの要件に該当することを立証する必要がありますが、慰謝料の請求については、損害額などを完全に立証することは不可能または著しく困難ですから、被害者に損害発生や因果関係の立証を求めていない判例もあります。

(1) 損害が、行為者の故意または過失によって発生したこと。
(2) 行為者の加害行為が違法であること。
(3) 加害者に責任能力があること。
(4) 加害行為と損害発生との間に因果関係があること。

(1) 故意も過失もない行為は、法律に特別の規定のある場合を除き不法行為責任を生じません（これを過失責任の原則といいます）。

(2) 他人の権利や法律上保護される利益の侵害とは、加害行為の違法性をいいます。違法性を阻却《そきゃく》する（排除する）正当防衛《せいとうぼうえい》・緊急避難《きんきゅうひなん》のような事由がある場合は不法行為は成立しません。正当防衛とは、不正な侵害に対し自分や他人の権利を防衛するためにやむを得ずにする加害行為をいいます。例えば、散歩中に突然に猛犬が襲いかかってきた場合に避けるため他人の垣根を壊したような場合です。緊急避難とは、急迫の危難を避けるため、やむを得ず他人の法益を害することをいいます。例えば、散歩中に猛犬が襲いかかってきた場合に猛犬を撲殺《ぼくさつ》するような場合です。

(3) 責任能力とは、自分の加害行為について責任が生ずることを理解することができる能力をいいます。例えば、五歳の幼児が友達を傷つけた場合は責任能力がないので、その者を監督する法定の義務を負う者（親権者か後見人）が責任を負います。

(4) 加害行為と損害発生との間の因果関係については、契約不履行（債務不履行）の場合と同様に、加害行為によって通常生ずべき損害が賠償の範囲となります。ただ、特別の事情によって生じた損害については、加害者がその事情を予見しまたは予見することができた場合は、その特別の損害も賠償の範囲となります（相当因果関係説）。

裁判官の慰謝料の算定

慰謝料の額の算定は、原告本人も正確に算定することはできませんから、裁判官も正確に算定することはできないのです。そこで、裁判例では、裁判官の慰謝料の算定について次のような考え方を採っています。

(1) 慰謝料の算定に当たっては、裁判官は、その慰謝料の額を認定するに至った根拠をいちいち示す必要はない。

(2) 被害者が慰謝料の額の証明をしていなくても、諸般の事情を斟酌《しんしゃく》して慰謝料の賠償を命じることができる。

契約不履行（債務不履行）
契約によって生じた債務（相手方に対して負う義務）を債務の本来の趣旨に従って履行をしないことをいいます。民法第四一五条は、「債務者が、その債務の本旨に従った履行をしないときは、債権者は、これによって生じた損害の賠償を請求することができる。債務者の責めに帰すべき事由によって履行をすることができなくなったときも、同様とする」と規定しています。債務を負う者（債務者）が契約した通りの履行をしない場合は、債権者は債務者に対して損害賠償請求ができるのです。

(3) 諸般の事情を斟酌する場合に斟酌すべき事情に制限はなく、被害者の地位・職業などはもとより、加害者の社会的地位や財産状態も斟酌することができる。

このような裁判例の考え方は、民法第七一〇条に規定する身体・自由・名誉その他の非財産的法益を侵害された者が、精神的苦痛・肉体的苦痛のような「財産以外の損害」をこうむるのは当然であるし、精神的苦痛・肉体的苦痛を受けた場合にも、その存在を立証することは不可能ないし著しく困難であることから、上に述べた不法行為の成立要件の完全な立証を求めていない場合もあります。

慰謝料の定額化

裁判官は、交通事故によって死亡した場合やケガをした場合、夫の不貞を理由とする離婚の妻への慰謝料のように過去の判例の積み重ねによって「相場《そうば》」の出来上がっているものは、その相場により慰謝料を認めますが、本件事件のような過去に例のないものは裁判官が分からないため認めないのです。

例えば、交通事故の場合の慰謝料は、一家の支柱となる者が死亡した場合は二六〇〇万円〜三〇〇〇万円、母親・配偶者《はいぐうしゃ》の死亡した場合は二三〇〇万円〜二六〇〇万円、独身の男女・幼児の死亡した場合は二〇〇〇万円〜二四〇〇万円となっています（二〇〇五年交通事故損害賠償必携（新日本法規）三五七頁）。このように交通事故の場合の慰謝料の額は「定額化」してきているのです。

離婚慰謝料の場合も①相手方の有責性（非行・義務違反の種類・態様・程度）、②夫婦の婚姻期間、③相手方の資力が慰謝料算定の重要な要素とされて判例による相場が形成されています。

損害額算定の理論

不法行為（加害者の違法行為）によって生じた「損害」とは、もし仮に加害行為がなかったとした場合の被害者の財産状態と、加害行為があったために被害者が置かれている財産状態との差額をいいます（差額説・通説）。

例えば、交通事故で負傷し入院治療をしたが、後遺障害が残った場合の損害額は次の各損害を合算して算定されます。

(1) 積極損害（身体の傷害に対する治療費その他の現実に被った財産的損害）
(2) 消極損害（将来得られるはずの収入が得られなくなった財産的損害）
(3) 精神的損害（負傷による精神的・肉体的苦痛に対する慰謝料や後遺障害による精神的・肉体的苦痛に対する慰謝料）

本件事件で、なぜ、慰謝料が認められないのか？

前述の「事件のあらまし」で述べた通り、本件事件の裁判官は、判決書で「原告がその法的利益として主張するところは、高松市長の判断が示されないことによる一般的な焦燥の感情以上のものではない」として原告Aの請求を認めなかったのですが、裁判官は、その理屈として、水俣病認定申請に関する最高裁判例（一九九一年四月二六日判決）の理屈によるとしています。

水俣病認定申請に関する最高裁判例の事件とは、熊本の水俣病患者が公害患者認定制度の処分庁である熊本県知事が応答処分を長期間放置した事件をいいます。水俣病認定申請に関する事件と本件事件とは無関係ですが、あえて類似点《るいじてん》をいえば、処分庁の違法な不作為が問題となっている点です。

しかし、水俣病認定申請に関する最高裁判例でも、処分庁は不当に長期間放置してもよいとはしていないのです。この最高裁判例は、いわゆる熊本水俣病待たせ賃訴訟の上告審判決として有名なものですので、引用がやや長文になりますが、次にご紹介します（判例時報一三八五号一一頁）。

「一般に、処分庁が認定申請を相当期間内に処分すべきは当然であり、これにつき不当に長期間にわたって処分がされない場合には、早期の処分を期待していた申請者が不安感、焦燥感を抱かされ内心の静穏《せいおん》な感情を害されるに至るであろうことは容易に予測できることであるから、処分庁には、こうした結果を回避すべき条理上の作為義務があるということができる。そして、処分庁が右の意味における作為義務に違反したといえるためには、客観的に処分庁がその処分のために手続上必要と考えられる期間内に処理できなかったということだけでは足りず、その期間に比して更に長期間にわたり遅延《ちえん》が続き、かつ、その間、処分庁として通常期待される努力によって遅滞《ちたい》を解消できたのに、これを回避《かいひ》するための努力を尽くさなかったことが必要であると解すべきである」

本件事件の場合は、もし仮に、この水俣病認定申請に関する最高裁判例の見解によったと仮定しても、処分庁（高松市長）は作為義務に違反したといえるのです。つまり、本件処分庁は、原告Aの場合を除き、高松市情報公開審査会の答申を受けた後、おおむね一カ月以内ないし二カ月以内には、当該各文書を公開請求者に対して公開をしてきたのですから、この水俣病認定申請に関する最高裁判例の要件にも合致しているのです。

裁判官は、とくに国家賠償請求訴訟のような行政側を被告とする訴訟では、「結論先にありき」の原告住民の敗訴とする判決が多いのです。国家賠償請求訴訟は、いわゆる行政訴訟（行政事件訴訟）とは異なりますが、行政側を被告とする点では似通っており、行政側の言いなりになる裁判官のもとでは、やはり「行政相手の訴訟は勝てない！」のです。

本件事件の場合のような国家賠償請求訴訟による慰謝料は、裁判官自身の体験や信条によってまさに裁判官の自由裁量として裁判官が勝手気儘に決めてしまうのです。裁判官が勝手気儘に決めてしまうということは、あなたが国家賠償請求訴訟による慰謝料請求をした場合に必ず「敗訴」するということは意味しないのです。裁判官が勝手気儘に決めてしまうのですから、あなたが、勝訴判決を得られるかも知れないのです。警察官の違法行為を理由に都道府県に賠償請求をして認められた例も少なからず存在します。要するに、裁判の結論は、予測できないのです。裁判は、科学ではありませんから、予測することは不可能なのです。

Q14 刑事裁判での誤った裁判の実例には、どんな裁判がありますか？

刑事裁判による「冤罪」の実例には、どんなものがありますか？　一度判決が決まると拘束されるので、大変だと思うのですが……。

「冤罪」とは、なにか？

冤罪《えんざい》とは、刑事裁判において、実際には犯罪を犯していないのに有罪《ゆうざい》とされる無実《むじつ》の罪のことをいいます。刑事裁判の最大の使命は、冤罪を生まないことにあります。本来、刑事裁判の手続を規定する刑事訴訟法《けいじそしょうほう》や刑事訴訟規則は、冤罪を生まないように運営される必要があるのですが、実際の運用は、法律のタテマエとは異なった運用がなされているのです。

例えば、身近な例では、サラリーマンが朝の通勤電車の中で痴漢《ちかん》犯人に間違《まちが》われ、現行犯《げんこうはん》で逮捕《たいほ》され、確たる証拠もないのに、被害者と称する女性が痴漢行為をされたと言ったいうだけで、二十日以上も勾留《こうりゅう》（拘置所ないし留置場に拘禁すること）されて、誤った判決により有罪判決を受けることも多いのです。

普通のサラリーマンが二十日以上も勾留されることは耐えがたいので、やってもいない痴漢行為を認めて迷惑防止条例違反の罰金五万円を支払うケースもあるの

勾留

被疑者（容疑者）や被告人（起訴された者）を拘置所や警察署の留置場に拘禁することをいいます。未決勾留ともいいます。勾留には、①被疑者の勾留（起訴前の勾留）と②被告人の勾留（起訴後の勾留）とがあります。①被疑者の勾留は、検察官の請求によって裁判官の裁判内容を記載した勾留状によって行います。勾留期間は十日間ですが、検察官の請求により十日間の延長ができます。特別の犯罪には五日間の再延長もで

です。
捜査の実務では、自白《じはく》をしない限り、証拠隠滅《しょうこいんめつ》のおそれなどを理由として逮捕時から最大二十三日間も勾留することも行われているのです。痴漢捜査の実務では、「認めれば出してあげる」と持ちかける捜査官もいると言われています（「なぜ痴漢えん罪は起こるのか―検証・長崎事件」（現代人文社）七頁以下）。長崎事件の場合も、二十一日間も勾留されたのです。二十一日間も勾留されるのなら、ウソの自白をして迷惑防止条例違反の五万円の有罪判決を受けて監獄を出るほうがマシだと考える人がいても不思議はないのです。

痴漢の迷惑防止条例違反の五万円の罰金の「冤罪」でさえたえがたいのに、濡《ぬ》れ衣《ぎぬ》を着せられた死刑《しけい》の判決を受けた冤罪事件も多いのです。以下には、有名な冤罪事件をいくつかを見て行きます（『現代再審・えん罪小史』イクォリティ発行、三六頁以下参照）。

弘前大学教授夫人殺人事件

一九四九年（昭和二十四年）八月六日夜、弘前大学教授の夫人が就寝中《しゅうしんちゅう》、何者かに刃物で殺害され、同月二十二日、近くに住んでいた那須隆さん（当時二十七歳）が逮捕されました。那須さんは、警察官の激しい拷問《ごうもん》にもかかわらず、一貫《いっかん》して犯行を否認《ひにん》しましたが、検察官は、殺人罪で起訴しました。一審の青森地裁弘前支部は、一九五一年（昭和二十六年）一月に無罪判決を言い渡しましたが、検察官が控

きます。②被告人の勾留は、公訴の提起から二カ月ですが、継続の必要がある場合は、一カ月ごとに更新されます（本書の著者による『逮捕・起訴対策ガイド』（緑風出版）四三頁以下参照）。

自白
刑事事件の場合の自白とは、自分の犯罪事実の全部または主要な部分を認める供述をいいます。自白の証拠能力について刑事訴訟法第三一九条第一項は「強制、拷問又は脅迫による自白、不当に長く抑留又は拘禁された後の自白その他任意にされた

訴をして、一九五二年（昭和二十七年）五月に仙台高裁は逆転の懲役十五年の有罪判決を言い渡したのです。一九五三年（昭和二十八年）一月に最高裁が上告を棄却して判決は確定し、那須隆さんは宮城刑務所に服役をして十一年余の刑務所生活の後、一九六三年（昭和三十八年）一月に仮釈放《かりしやくほう》となりました。

ところが、一九七三年（昭和四十八年）六月に宮城刑務所を出所した人物Tが、自分が真犯人であると名乗り出たので、那須隆さんは再審《さいしん》（確定した判決を再び審理すること）を請求しました。仙台高裁は一九七四年（昭和四十九年）十二月に再審請求を棄却しましたが、一九七五年（昭和五十年）の最高裁の白鳥決定（再審請求に「疑わしきは被告人の利益に」という刑事裁判の鉄則《てつそく》が適用されるとした最高裁の決定）のあとの一九七六年（昭和五十一年）七月に仙台高裁は再審の開始を決定し、翌一九七七年（昭和五十二年）二月に無罪が確定しました。二十八年に及ぶ冤罪から解放されたのです。

当初の判決が誤った原因の一つに法医学《ほういがく》の権威《けんい》と言われた当時の東大の古畑種基教授の誤った鑑定がありました。そのほか、この冤罪の原因には、予断《よだん》と偏見《へんけん》にもとづく見込み捜査や東大教授の権威によりかかった誤った鑑定への無批判が原因として指摘されています。

なお、前記の一九七五年（昭和五十年）の最高裁の白鳥決定では、「再審開始のためには確定判決における事実認定につき合理的な疑いを生ぜしめれば足りる」として、「再審においても、疑わしいときは、被告人の利益にという刑事裁判における

ものでない自白は、これを証拠とすることはできない」としています。更に、同条第二項は「被告人は、公判廷における自白であると否とを問わず、その自白が自己に不利益な唯一の証拠である場合には、有罪とされない」としています。

仮釈放

矯正施設（例えば、刑務所や少年院）に収容された者を期限前に解放することで、①仮出獄、②仮出場、③仮退院があります。①仮出獄とは、懲役または禁錮の受刑者を刑期満了前に仮に出獄させることをいいます。有期刑では刑期の三分の一、無期刑では十年を経過した後、改悛の状がある場合に地方更生保護委員会が決定します。仮出獄では保護観察に付され仮出獄が取り消されずに残刑期間を経過した場合は、刑の執行

鉄則《てっそく》が適用されるものと解すべきである」としています。

財田川事件

一九五〇年（昭和二十五年）二月二十八日未明、香川県三豊郡財田村（現在は三豊市）の一人暮らしの闇米ブローカーが全身を刃物で刺されて殺害されましたが、その年の四月一日に付近の神田村で強盗事件が発生し、谷口繁義さん（当時十九歳）が逮捕されました。谷口さんは、無関係の闇《やみ》米ブローカー殺人事件の容疑もかけられ、何度も気絶《きぜつ》するほどの激しい拷問を加えられて、強制的に殺人についての自白をさせられたのです。読者の中には、たとえ強制されても犯人でない者が自白するはずはないと思う人もいるかも知れませんが、捜査の実務では、終戦前から激しい拷問・脅迫・強制が行われていたのであって、拷問などに耐えられる者は、ほとんどいなかったのです。これら事実から、敗戦後の憲法第三六条は、公務員による拷問は「絶対にこれを禁ずる」と規定し、憲法第三八条第二項は、「強制、拷問若しくは脅迫による自白又は不当に長く抑留若しくは拘禁された後の自白は、これを証拠とすることはできない」と規定したのです。

谷口さんは、裁判では犯行を否認しましたが、一審の高松地裁丸亀支部は一九五二年（昭和二十七年）二月に死刑の判決を宣告し、結局、一九五七年（昭和三十二年）一月の最高裁の上告棄却判決により死刑が確定しました。冤罪により死刑が確定してしまったのです。

が終了したと同じに扱われます。②仮出場とは、拘留（一日以上三十日未満の拘留場での拘置の刑）に処せられた者または労役場に留置された者（罰金や科料を完納しない者）を情状により期間満了前に地方更生保護委員会の決定で出場させることをいいます。この決定を取り消すことはできないので、仮出場の時点で刑の執行が終了するものとして扱われます。③仮退院とは、少年院（少年院法に定める矯正施設）または婦人補導院（売春防止法に定める収容施設）の在院者を仮に退院させることをいいます。施設の長の申請により地方更生保護委員会が決定します。仮退院期間中は保護観察に付されます。

再審

確定判決に重大な瑕疵（欠陥）が

その後、大阪拘置所の中から谷口さんが高松地裁丸亀支部に出した無実の訴えを当時の矢野伊吉裁判長は再審請求（確定した判決を再び審理するよう求める請求）として扱い審理しようとしましたが、陪席裁判官の反対で再審開始の決定をすることができませんでした。当時の矢野伊吉裁判長は、裁判官を辞職して谷口さんの弁護人となり、再度の再審請求をしましたが、地裁・高裁ともに請求を棄却しました。しかし、一九七六年（昭和五十一年）十月に最高裁は前述の白鳥《しらとり》決定を引用して棄却決定を取り消して差し戻し、高松地裁で再審を開始することになりました。結局、一九八四年（昭和五十九年）三月に高松地裁で無罪の判決が宣告され、無罪判決が確定しました。

　財田川事件の再審開始決定は、下記の一九七五年（昭和五十年）の最高裁の白鳥決定での再審理由を緩和して再審を開始する要件について次のように述べています。

「確定判決が認定した犯罪事実の不存在が確実であるとの心証を得ることを必要とするものではなく、確定判決における事実認定の正当性についての疑いが合理的な理由に基づくものであることを必要とし、かつ、これを以て足りると解すべきである」

　従って、「犯罪事実の証明が十分でないことが明らかになった場合にも右の原則があてはまる」としています。財田川事件の再審開始決定は、死刑判決に対する再審事件であることから、再審事件について重大な影響を与えました。

あった場合に判決の取消と事件の再度の審理を求める不服申立やその審判をいいます。刑事訴訟法第四三五条は、再審の請求は、刑事訴訟法に定める一定の場合に有罪の言渡しをした確定判決に対して、その言渡しを受けた者の利益のためにすることができると規定していますが、再審の請求のできる主な場合は次の通りです。

① その判決の有罪を認定した証拠となった証拠書類や証拠物が別の確定判決により偽造または変造であったことが証明されたとき

② その判決の有罪を認定した証拠となった証言、鑑定、通訳または翻訳が別の確定判決により虚偽であったことが証明されたとき

③ 有罪の言渡しを受けた者を誣告《ぶこく》した罪（虚偽の告訴・告発をした罪）が別の確定判決により虚偽で

徳島ラジオ商殺人事件

一九五三年（昭和二十八年）十一月五日、徳島県徳島市八百屋町のラジオ商が自宅で殺された事件について徳島地検は、徳島県警の外部犯人説を無視して、内部犯行の見込み捜査によって二名の住み込みの少年店員を取り調べて、内妻富士茂子さん（当時四十三歳）の犯行であるとのウソの供述をとって殺人罪で逮捕して起訴をしました。

一九五六年（昭和三十一年）四月に徳島地裁は、前記二名の住み込みの少年店員のウソの証言を主な証拠として富士茂子さんに懲役十三年の判決を言い渡しました。富士さんは、高松高裁に控訴をしましたが、一九五七年（昭和三十二年）十二月に高松高裁は控訴を棄却しました。富士さんは、最高裁に上告をしましたが、多額の訴訟費用の支払いや裁判に対する不信から上告を取り下げて一九五八年（昭和三十三年）五月に服役《ふくえき》をすることにしました。

その後、前記二名の住み込みの少年店員は、ウソの証言（偽証）を告白したものの、検察側の圧力により撤回させられましたが、その後は一貫して偽証を強制させられた事実を主張し続けました。

富士さんは、一九五九年（昭和三十四年）から一九六八年（昭和四十三年）まで四回に及ぶ再審請求をしましたが、すべて棄却されたのです。その後、富士さんは、前記の一九七五年（昭和五十年）の最高裁の白鳥決定を受けて徳島地裁に一九七九

あったことが証明されたとき

④ 有罪の判決を受けた者に対して、実は無罪や免訴の判決を言い渡さなければならなかったこと、またはその判決で認められた罪より軽い罪が認められなければならなかったことを明らかにする証拠が、新たに発見されたとき

再審の開始の決定

刑事訴訟法の再審の制度は、先ず裁判所の再審開始決定手続において再審の開始の許否を決定し、再審開始理由が存在すると判断された場合に初めて本案（事件そのもの）の審理に入るという二段階の構造にしていますが、この場合の開始の決定をいいます。反対に、再審開始理由が認められない場合は、再審開始棄却決定がなされます。

年（昭和五十四年）一月に第五次再審請求をしましたが、同年十一月十五日に無罪判決を聞くことなく他界《たかい》してしまいました。その後、四名の遺族によって死後再審が遂行されて、結局、一九八〇年（昭和五十五年）に再審が開始され、一九八五年（昭和六十年）七月に徳島地裁は無罪の判決を宣告しました。

免田事件

一九四八年（昭和二十三年）十二月二十九日、熊本県人吉市の祈祷師《きとうし》夫婦が自宅で殺害されて二人の娘が重傷を負うという事件が発生しました。凶器《きょうき》は、なたと刺《さ》し身包丁《みぼうちょう》とされ、翌年一月に免田栄さん（当時二十三歳）が玄米一俵の窃盗容疑の別件で逮捕されました。

厳しい寒さが続く中、連日、免田さんを一睡《いっすい》もさせずに拷問をして、検察官は、自白を得たとして強盗殺人罪で起訴をしました。一審の熊本地裁八代支部での第三回公判で自白を撤回してアリバイを挙げて無罪を主張したものの、一九五〇年（昭和二十五年）三月に死刑の判決が言い渡されました。福岡高裁でも一九五一年（昭和二十六年）三月に控訴棄却の判決がなされ、同年十二月に最高裁で上告棄却となり死刑判決が確定しました。

その後、一九七九年（昭和五十四年）九月に第六次再審請求が認められるまでの三十年間、死刑執行《しっこう》の恐怖に晒《さら》されていたのですが、結局、一九八三年（昭和五十八年）七月に無罪判決が言い渡されました。

白鳥決定

一九五二年（昭和二十七年）一月二十一日に札幌市内を自転車で走行中の札幌中央署の白鳥一雄警部がピストルで射殺された事件で、首謀者として起訴されたMは無罪を主張したものの有罪判決が確定し、その再審請求において一九七五年（昭和五十年）の最高裁第一小法廷は再審開始は認めませんでしたが、再審の要件を緩和した決定を出しました。この白鳥決定では、新旧全証拠を総合評価して確定判決の事実認定に合理的な疑いを抱かせれば足りるという意味で、「疑わしきは被告人の利益に」という刑事裁判の鉄則が適用されるという新しい判断を示しました。白鳥決定は、その後の再審請求に大きな影響を与えました。

松川事件

一九四九年（昭和二十四年）八月十七日、東北本線の松川駅・金谷川駅間のレールが何者かによって取り外されて上り列車が転覆し、三名の機関車乗務員が死亡する事件が発生しました。当時は旧国鉄の解雇反対闘争中で国鉄労働組合員一〇名と工場閉鎖に反対して闘争《とうそう》していた松川工場の一〇名の労働者が逮捕されて起訴されました。福島地裁は、一九五〇年（昭和二十五年）十二月に死刑五名、無期懲役《むきちょうえき》五名を含む全員に有罪判決を言い渡しました。仙台高裁は三名を無罪としたものの、死刑四名を含む有罪判決を言い渡しました。その後、未曾有《みぞう》の裁判闘争《とうそう》が展開されて一九五九年（昭和三十四年）八月に最高裁で有罪判決破棄・仙台高裁への差し戻しとなり、仙台高裁での差し戻し審では全員無罪の判決が言い渡されました。ところが、検察官が上告をしたため、ようやく、一九六三年（昭和三十八年）九月に無罪が確定しました。

吉田石松事件（昭和の岩窟王事件）

一九一三年（大正二年）八月十三日夜、名古屋市郊外で車曳きをしていた者が何者かに背後から殴られて即死して所持金《しょじきん》を奪われた事件が発生しました。容疑者として逮捕された海田庄太郎と北河芳平は、かつてガラス工場で働いていた吉田石松さん（当時三十三歳）にそそのかされて犯行に及んだと供述したため吉田さんは逮捕されて強盗殺人罪で起訴されました。吉田さんは無実を訴えたものの、一九一四年（大正三年）四月に一審の名古屋地裁で死刑判決、同年七月に二審の名古屋控訴院では無期懲役の判決を言い渡され、同年十一月に大審院で上告棄却の判決を言い渡されて無期懲役の判決が確定しました。

その後、吉田さんは、無罪を訴えて獄中から再審請求や請願を繰り返したものの実らず、一九三五年（昭和十年）に仮釈放で出所後、偽証をした海田庄太郎と北河芳平の両名の行方を突き止めて偽証の詫《わ》び状を取って、戦後になっても再審請求を繰り返しました。ようやく一九六一年（昭和三十六年）の第五次再審請求について名古屋高裁は再審開始の決定をしました。ところが、検察官が異議申立をしたため、判決までさらに長引き、一九六三年（昭和三十八年）二月に名古屋高裁で無罪判決が言い渡され、無罪判決が確定しました。吉田さんは、すでに八十四歳になっていました。半世紀に及ぶ冤罪との闘いでした。この吉田石松事件は、「昭和の岩窟王事件」と呼ばれています。

加藤新一事件

一九一五年（大正四年）七月十一日午前一時頃、山口県豊浦郡殿居村（旧地名）の炭焼き小屋で炭焼き人夫が殺害された事件が発生しました。警察は被害者と喧嘩をしていた男がいることを聞き込んで、十日後、土地の馬喰（牛馬の仲買商人）の岡崎太四郎（当時三十七歳）を逮捕したが、岡崎は、「主犯は加藤新一で自分は手を貸しただけだ」とウソの供述をしたので、同村の農業加藤新一さんが逮捕されて、三日四晩の拷問にも屈せずに犯行を否認し続けましたが、殺人罪で起訴されました。

加藤さんは、裁判でも一貫して無実を主張し続けましたが、一審の山口地裁は一九一六年（大正五年）二月に無期懲役を、二審の広島控訴院も同年八月に無期懲役を言い渡し、三審の大審院も上告棄却で判決が確定して同年十一月に三池刑務所に服役することになりました。

獄中からも無実を訴え続けましたが、取り上げられず、一九三〇年（昭和五年）十二月に久留米刑務所を仮釈放になりましたが、前記の岡崎は、すでに服役三年後に獄死していました。

一九六三年（昭和三十八年）以降、数回にわたって再審請求をしましたが、ことごとく棄却されましたが、一九七五年（昭和五十年）六月の六度目の再審請求によって一九七六年（昭和五十一年）九月に広島高裁で再審開始の決定が出て、一九七七年（昭和五十二年）七月に無罪判決が確定しました。一九一五年（大正四年）の逮捕から既に六十年余を経過していました。

こうした「冤罪」「誤判」を無くするために

こうした「冤罪」「誤判」を無くするために、元裁判官で現在弁護士の秋山賢三氏は、「職業裁判官に対する十戒」として次の提言をしています（岩波新書「裁判官は、なぜ誤るのか」一八六頁以下参照）。

①「壇の高さ」を自覚する
同書には法廷の法壇の高さについて、「裁判官在官中に、自らが座っている『壇の高さ』に気付くことは、常人にとっては甚《はなは》だ困難である」と述べています。

②「疑わしきは被告人の利益に」を実践する
同書には、「担当裁判官が『疑わしきは検察官の利益に』ではなく、単に『疑わしきは被告人の利益に』を実践するだけで、冤罪の多くが消滅するはずである」と述べています。

③秩序維持的感覚を事実認定の中に持ち込まない
同書には、「我が国の裁判官は、事実認定を行うと同時に量刑行動をも担当する。そのために事実認定の過程に、つい秩序維持的感覚を持ち込んでしまう危険性がある」と述べています。

④「人間知」「世間知」の不足を自覚する
同書には、「日本の裁判官は、事実上、一般市民から隔絶され、保護された生活を送っており、その分だけ『世間に揉まれていない』のである」と述べています。

⑤供述証拠を安易に信用せず、その誤謬《ごびゅう》可能性を洞察《どうさつ》する
同書には、「自白であれ第三者の供述であれ、特に供述証拠は捜査機関によって『造られる』可能性が強く、安易《ようい》に信用してはならない。供述調書は、所

供述証拠
一定の事実を体験した者や一定の知識を持つ者が、その体験や知識を言葉によって伝達した証拠をいいます。例えば、被疑者の供述を録取した被疑者供述調書（供述録取書）や参考人（例えば、被害者や目撃者）の参考人供述調書（供述録取書）があります。

詮、捜査官と被疑者だけしかいない『ブラックボックス』の中での捜査官作成の『作文』に過ぎない」と述べています。

⑥　公判における被告人の弁解を軽視しない

同書には、「日本のキャリア裁判官は、必ず一度『どうして、被告人がそのような否認をするのか。自分が被告人だったらどうするのだろうか』と、自分自身を被告人の立場・境遇に置いてみて、被告人の言い分の合理性について、自問自答しつつ検討してみるべきである」と述べています。

⑦　鑑定を頭から信じこまない

同書には、「特に鑑定書の価値が鑑定人の権威に無条件に依存《いぞん》するような場合がままあり、権威ある大学の著名教授の鑑定だから信頼できるとの裁判官の判断が、結果的に誤判の重要な原因となったことがしばしばある」と述べています。

⑧　審理と合議《ごうぎ》を充実する

同書には、「有罪証拠ばかりを『つまみ食い』的に拾い上げて、それをそのまま信用するようなことは絶対にあってはならない。有罪証拠と対立する無罪証拠の検討を丹念に実行するならば、合議の過程で起訴が疑問であると正しい結論に到達できたのではないかと思われる事件もある」と述べています。

⑨　有罪の認定理由は被告人が納得するように丁寧《ていねい》に書く

同書には、「否認事件について有罪判決を下すのであれば、判決理由中で有

鑑定

特別の知識や経験を有する第三者が鑑定人となり、その知識や経験によって知ることができた法則の供述やそれに基づく事実についての判断をいいます。例えば、ＤＮＡの鑑定、死因の鑑定があります。鑑定の経過や結果を記載した書面を鑑定書といいます。

罪と認定するに至った心証形成過程を丹念に説明すべきある」と述べています。

⑩ 常に、「庶民の目」を持ち続ける

同書には、「事実認定においては、当たり前の普通の市民の一般常識（それは、法的には『経験則』と名付けられている）が、終始、支配しなければならない。市民常識にのっとり、全証拠を虚心に評価することこそが事実認定の根本である」と述べています。

冤罪・誤判は、主に裁判官の責任

以上の「職業裁判官に対する十戒《じゅっかい》」の秋山賢三氏の提言は、いずれも、もっとも な常識的なものであって、この当然のことと思われる「職業裁判官に対する十戒」が守られていないことにこそ、むしろ、一般国民は驚くのです。

「職業裁判官に対する十戒」が守られない職業裁判官による刑事裁判よりも、法律の素人の一般国民による刑事裁判制度「裁判員制度」のほうが、まだマシだと考える人がいるのも当然と言えます。

数々の冤罪事件の誤判決がなされた原因には、捜査官が拷問をして自白させた、捜査官が虚偽の証拠をでっち上げた、鑑定書の内容が虚偽であった、証人が偽証をした、被害者が虚偽の供述をしたその他の捜査機関側の原因があることには間違いないものの、それらよりも重大な誤判決の原因は、犯罪事実を審理する裁判官が厳格な事実認定を怠り、捜査機関側の主張を鵜呑みにしてきた「職業裁判官に対する十戒」が守られていない裁判官に責任があると言えます。

プロブレムQ&A

Ⅲ

自由心証主義と裁判官

Q15 自由心証主義とは、何ですか？

裁判官の自由な心証によって判断できるとしている自由心証主義とは、どんなものですか？　裁判官の判断に任せても大丈夫なのでしょうか？

自由心証主義の規定

自由心証主義《じゆうしんしょうしゅぎ》とは、裁判所が証拠にもとづいて事実認定《じじつにんてい》をするに際し、証拠の信用性の程度について法的規制《ほうてききせい》を設けず、その評価を裁判官の自由な判断にゆだねる立場をいいます（有斐閣『法律用語辞典』六六九頁）。

自由心証主義について、現在の民事訴訟法第二四七条は次のように規定しています。

> 民事訴訟法第二四七条　裁判所は、判決をするに当たり、口頭弁論《こうとうべんろん》の全趣旨《ぜんしゅし》及び証拠調べの結果をしん酌《しゃく》して、自由な心証《しんしょう》により、事実についての主張を真実と認めるべきか否かを判断する。

一九九八年（平成十年）前の旧民事訴訟法第一八五条でも次のように規定してい

事実認定

民事訴訟の審理の対象となる権利の有無や法律関係について裁判官が法律を適用して判断をする前提となる事実の存否を証拠によって確定する作業をいいます。上告審の第三審（最高裁判所）の審理では、事実審理（事実認定）を行うことはできませんが、原判決（二審判決）の事実認定が誤っていた場合は、いくら高尚な法律理論を述べたところで砂上の楼閣に過ぎませんから、原判決がました。表現は、やや異なりますが、現行法《げんこうほう》と同じ趣旨を規定したものです。

> 旧民事訴訟法第一八五条　裁判所ハ、判決ヲ為スニ当リ、其ノ為シタル口頭弁論ノ全趣旨及証拠調ノ結果ヲ斟酌シ自由ナル心証ニ依リ、事実上ノ主張ヲ真実ト認ムベキカ否カヲ判断ス

この場合の「口頭弁論の全趣旨」とは、証拠調べの結果である証拠資料（法定の手続による取り調べにより得た内容）以外の、その訴訟の審理の過程において現れた一切の模様や状況をいいます。

自由心証主義の本来の意味と現実

自由心証主義は、裁判の基礎となる事実の存否の判断を「良心的で、思慮《しりょ》・分別《ふんべつ》に富む裁判官」を「前提《ぜんてい》」として裁判官の自由な心証に委《ゆだ》ねたもので、裁判官の専横・独断を許したものではありません（日本評論社『新民事訴訟法2』奈良次郎著、二三〇頁）。

この代表的な教科書の解説の通り、自由心証主義は、「良心的で、思慮・分別に富む裁判官」を「前提」とした制度であって、裁判の現実とはあまりにもかけはなれた裁判官を「前提」としているのです。

民事訴訟法は、裁判官は、「口頭弁論の全趣旨」を「斟酌《しんしゃく》して」としていますが、

経験上あり得ない事実を認定していたような場合は、原判決を破棄して事件を原審（一審）に差し戻して審理をさせる必要があります。しかし、そのような運用がなされているのか疑問があります。

現実の判決書では、裁判官の結論に都合の良い事実のみを「斟酌して」自分の結論を導いているのです。「証拠調べの結果」を斟酌する場合も同様で、例えば、証人Aと証人Bの各証言が正反対の内容を供述《きょうじゅつ》している場合に、証人Aの証言が真実であっても、裁判官は、自由心証主義により「証人Aの証言は信用できない！」と言って証人Bの証言をもとに誤った判決書を書くことが多いのです。自由心証主義は、裁判官の予断《よだん》と偏見《へんけん》と独断にもとづく誤った判決に免罪符《めんざいふ》を与えたようなものなのです。

職業裁判官の信用性と裁判員制度

もし仮に、「良心的で、思慮・分別に富む裁判官」を「前提」とすることができるならば、二〇〇九年（平成二十一年）から開始される殺人事件のような重大な刑事裁判《けいじさいばん》に一般国民を参加させる「裁判員制度」は必要がないのです。この裁判員制度には、憲法違反の制度だとか、手抜き審理が横行《おうこう》するとか言った批判《ひはん》はあるものの、従来の職業裁判官の裁判に比べると、より良い裁判ができると考えられたのです。要するに、従来の職業裁判官の裁判は信用されていないのです。

この裁判員制度では、六名の一般国民から選ばれた裁判員と三名の職業裁判官で審理をすることになり、被告人が有罪かどうか、有罪の場合は、どのような刑にするのかを決めることになっています。裁判員は、法廷で証人の証言を聞いたり、証拠調べをしたりします。このことは、従来の職業裁判官の判断よりも、法律の素人の一般国民の判断のほうがマシだと考えられたのです。法律の素人の一般国民の判断のほうが良いと考えられた理由は、一般国民の「常識《じょうしき》」のほうが職業裁判官の判断より良いと考えられたからにほかなりません。つまり、職業裁判官には「常識」がないということなのです。

自由心証主義の内容と危険性

自由心証主義の内容は、①証拠調べの結果（証人尋問その他の証拠調べによって得られた内容のすべて）と口頭弁論の全趣旨（その訴訟の審理の過程において現れた一切の模様や状況）が事実の認定の資料とされることと、②これらの事実認定の資料の斟酌の仕方は、裁判官の自由な裁量に委ねられることの二つです。

この場合の「裁判官の自由な裁量《さいりょう》」というものが、恐ろしい結果を招くのです。すでにQ7からQ12において述べた通り、「裁判官の自由な裁量」というものがトンデモナイ恐ろしい結果を招くのです。この「裁判官の自由な裁量」というものには、何らの歯止めもない危険性を有しているのです。

確かに、自由心証主義は、「良心的で、思慮・分別に富む裁判官」を「前提」としていますが、その前提があってこその制度ですから、その前提を欠いた場合には、自由心証主義は、悪魔の論理となるのです。

Q16 経験則とは、何ですか?

裁判官の事実認定の基礎となる「経験則」とは、どんなものですか? これも言葉があいまいで、人によって基準が違うと思うのですが……。

経験則とは

経験則《けいけんそく》とは、経験から帰納《きのう》（個々の事柄《ことがら》から一般的原理や法則を導き出すこと）された事物の形状《けいじょう》や因果関係に関する知識や法則をいいます。経験則には、一般常識（例えば、雨が降ると道路が濡《ぬ》れる）から専門的知識（例えば、医学的専門知識）まで多岐《たき》にわたります。判決の基礎となる事実の認定は、経験則にもとづくのです。

裁判官の認定する経験則

例えば、死亡した九十二歳の無収入の母親Xが生前に小学生用の学習ノートのきれはしに「お金はYに全部やります。〇〇〇〇年〇月〇日、X」と書いた文書の有効性について、①自分のお金の全部を贈与《ぞうよ》すると無一文になり直ちに自己《じこ》の生存が不可能となるのであるから、自己の生存の基礎である「お金の全部」を贈与するような贈与契約は公序良俗《こうじょりょうぞく》に反《はん》する契約として許されないと判断するのか、②この

公序良俗

公の秩序（国家社会の一般的な公共的利益）と善良の風俗（社会の一般的倫理ないし道徳観念）をいいます。公の秩序と善良の風俗とは、必ずしも判然と区別することができる概念ではなく区別する必要もないとされています。民法第九〇条は、「公の秩序又は善良の風俗に反する事項を目的とする法律行為は、無効とする」と規定しています。契約のような法律行為の目的が反社会性を帯びる場合は、その効力を無効にす

贈与契約は有効であると判断するのか、裁判官の経験則の判断によって結論は正反対になるのです。この実例の場合の裁判官は、②の贈与契約は有効であると判断しました。

もう一つの経験則の例をみると、ある判決文は、「性的関係を迫るなら、会話で合意を求めるのが通常で、暴力行為は唐突《とうとつ》すぎる」としていますが、この場合に「性的関係を迫る」なら、「会話で合意を求める」のが通常なのか、「押し倒すような暴力行為は唐突すぎる」のか、裁判官の経験則によって判断されるのです（一九九七年二月一四日号「週刊金曜日」五十嵐二葉・著『裸の司法⑥』の「経験則の恐怖」から）。

上の判決文の「……が通常」というのが、経験則を意味します。

この二つの例から分かるように、裁判官は、勝手気儘に、「これが経験則だ！」として判決を出せることが恐ろしいのです。何らの根拠がなくても、「これが経験則だ！」と言ってしまえば、一件落着なのです。裁判官の経験則とは、裁判官の人《じん》格《かく》そのものであって、変な裁判官の非常識な「経験則」によって泣かされる人は多いのです。

ることによって法律行為の社会的妥当性（適法性）を求めているのです。

Q17 社会通念とは、何ですか？

裁判官の判断の基準となる「社会通念」とは、どんなものですか？　普通の人達の常識とは違うものなのですか？　社会通念といわれても困るのですが？

社会通念とは

社会通念《しゃかいつうねん》とは、社会一般に受け入れられ通用する常識をいいます。社会通念は、法律の解釈や裁判の判断の基準になると解されています。社会通念かどうかの判断は、裁判官の経験則によって判断されますから、結局は、社会通念も裁判官によって勝手気儘に判断されることになります。

社会通念という言葉の意味

判決書では、社会通念という言葉は、次のような意味に用いられていると言われています（石井良三・著『民事法廷覚え書』二五一頁以下）。

(1)　経験則を意味するもの
(2)　評価基準《ひょうかきじゅん》を意味するもの

例えば、その行為が「社会通念上被害者において認容《にんよう》すべからざるものと一

笠掛松事件

かつての鉄道院が、鉄道の敷設に適切な注意を払わなかったために、信玄公が旗を掛けたという由緒ある松を煤煙で枯らせた一九一九年（大正八年）三月三日大審院判決の事件をいいます。この大審院判決では、笠掛松を枯らせた行為は、鉄道院の権利行使の範囲ではなく不法行為に当たるとして松の所有者に対する損害賠償義務を負わせたのです。

般に認めらるる程度を超えたるときは」というように用いられています（有名な信玄公笠掛松事件最高裁判決）。

(3) 経験則と評価基準の一体的機能を意味するもの

例えば、法律行為（契約）の要素の錯誤《さくご》（重要部分の錯誤）について「一般取引上の通念に照らし至当なりと認めらるるものを謂《い》う」という用例があります。意思表示は、法理行為（契約）の重要部分に錯誤があった場合は無効とされますが、その重要部分とは、その部分について錯誤がなかったならば、意思表示をしなかったことが、一般取引上の観念（社会通念）に照らして適当と認められるものを言うとしているのです。

(4) 一般常識を意味するもの

上の「民事法廷覚《みんじほうていおぼ》え書《がき》」二五八頁に引用するチャタレー事件最高裁大法廷判決（イギリスの作家D・H・ローレンスによる小説『チャタレイ夫人の恋人』の日本語訳がわいせつ文書にあたるとして刑事裁判となった事件の判決）には、「本訳書の性的場面の描写は、社会通念上認容された限界を超えているものと認められる」と判示していますが、裁判官自身の社会通念によって法律上の明文の根拠もないのに突然「これが社会通念だ！」と言い切ってしまうところに「社会通念の恐怖」があります。

要素の錯誤

契約の締結のような法律行為をする場合の意思表示の重要部分についての錯誤をいいます。重要部分とは、その錯誤がなかったら、本人は意思表示をしなかったであろうと考えられるだけでなく、普通一般人もその意思表示をしなかったであろうと考えられるほどに重要なものをいいます。民法第九五条本文は、「意思表示は、法律行為の要素に錯誤があったときは、無効とする」と規定しています。

Q18 法定証拠主義と自由心証主義とは、何ですか?

法定証拠主義に対して自由心証主義は「伸び縮みのするモノサシ」といわれていますが、どんな意味ですか。より自由な判決ができるという意味でしょうか?

法定証拠主義と自由心証主義とは?

自由心証主義《じゆうしんしょうしゅぎ》は、本来、法定証拠主義《ほうていしょうこしゅぎ》（裁判官の事実認定を法律で定めた方法によることとする主義）を採《と》らないことを意味するだけであって、事実認定を裁判官が自由勝手気儘にしてもよいという主義ではないのです。

前述した伊藤真・『民事訴訟法』では、「私人間の関係が単純、かつ、定型的《ていけいてき》であり、他方、裁判官の判断能力が低い時代には、法定証拠主義が事実認定の原則として用いられたが、近代以降は、社会関係が複雑化し、また裁判官の能力が向上したので、法定証拠主義は、かえって真実発見の妨げとなるという認識が一般化し、自由心証主義が採用されるようになった」（二九九頁）と述べていますが、果して、裁判官の判断能力が向上したのかは非常に疑問のあるところです。「裁判官の能力の向上」を期待するのは、「百年河清《ひゃくねんかせい》を俟《ま》つ」ことになるので、次善《じぜん》の策として「裁判員制度」を求めたと考えられるのです。

百年河清を俟つ

いくら望んでも実現できないたとえをいいます。出典は『左伝《さでん》・襄公《じょうこう》八年』で、いつも濁っている黄河の水の澄むのを待ち望んでいても不可能であるという意味です。

栃木リンチ殺人事件

栃木県三上町の日産自動車栃木工場勤務の須藤正和さん（当時十九

法律は「伸び縮みのするモノサシ」か？

小説家の浅田次郎氏は、「毛沢東《もうたくとう》は『法律は伸《の》び縮《ちぢ》みのするモノサシだ』と言ったそうだ」（別冊宝島『裁判ゲーム』一一頁）と述べていますが、自由心証主義、経験則、社会通念といった「伸び縮みのするモノサシ」を裁判官に持たせているので、国民は、裁判の結果がまったく予測できず、非常識な判決に泣かされているのです。

ただ、国民は、「裁判官が行政側の肩を持つ」とか、「住民訴訟や取消訴訟のような行政訴訟では住民側は勝てない」といった統計的事実《とうけいてきじじつ》から経験則として知っているのです。たまに、まともな裁判官がいると新聞記事になるのです。例えば、最近の事件では、二〇〇六年（平成十八年）四月十二日の宇都宮地裁《ちさい》の栃木リンチ殺人事件での栃木県警の捜査怠慢を認めた国家賠償請求訴訟の判決があります。判決によると、「殺されたM君の両親は、栃木県警に対し、再三《さいさん》にわたった捜査を要請《ようせい》したにもかかわらず、捜査を怠《おこた》り死亡に至った」と事実認定をして遺族《いぞく》の請求を認めました。同種の警察の職務怠慢事件には、埼玉県桶川市の女子大生刺殺事件がありますが、この遺族も「ちゃんとした判決を出せる裁判長もいることを、娘にも報告したい」と述べています（二〇〇六年四月十三日付『朝日新聞』）。

「ちゃんとした判決を出せる裁判長もいること」がニュースになるのです。訴訟を実際に体験した人なら、「ちゃんとした判決を出せる裁判長」がいることが非常に珍しい存在であることが分かると思われます。

歳）が一九九九年（平成十一年）九月に会社の同僚であった少年グループに拉致され二カ月余りにわたって監禁され熱湯を浴びせられるなどのリンチを受けて殺害された事件をいいます。被害者の両親は「借金を強制されているようだ」などと再三、栃木県警石橋署に捜査を要請しましたが、警察が応じなかったので、遺族は、栃木県警の捜査官の所属する栃木県と加害者に対して国家賠償法などに基づく損害賠償請求をしました。一審の宇都宮地裁は、二〇〇六年（平成十八年）四月に「正和さんの生命に危険が切迫していることを警察は十分認識できたのに、捜査を始めなかったため死亡に至った。警察権の不行使は国家賠償法の違法な公権力の行使に該当する」として約一億一二七〇万円の支払いを命じました。

プロブレムQ&A

IV

裁判員制度って何?

Q19 裁判員制度とは、どんなものですか？

新たに裁判員制度が導入されようとしていますが、どんな制度なのですか？普通の一般市民も参加すると聞きましたが、公正な裁判ができるのでしょうか？

裁判員制度とは

裁判員制度《さいばんいんせいど》とは、二〇〇四年（平成十六年）に成立した「裁判員の参加する刑事裁判に関する法律」（以下「裁判員法」といいます）によって一般国民の中からクジで選ばれた裁判員六人が職業裁判官三人といっしょに殺人事件のような重大な刑事事件について裁判をする制度をいいます。この裁判員制度は、二〇〇九年（平成二十一年）五月までには開始されることになっています。

この裁判員制度が導入されることになった主な理由は、一言で言えば、従来の職業裁判官は信用できないからということに尽きます。従来の職業裁判官の裁判が国民に信用されているのであれば、わざわざ法律の素人の一般国民を殺人事件のような重大な刑事事件の裁判に参加させる必要はなかったからです。

裁判員法第一条では、この法律の趣旨は、「国民の中から選任《せんにん》された裁判員が裁判官と共に刑事訴訟手続に関与《かんよ》することが司法に対する国民の理解の増進《ぞうしん》とその信

裁判員制度

日本の裁判員制度は、最高裁判所のブックレット『裁判員制度』六五頁によると、アメリカやイギリスの陪審制《ばいしんせい》とも、ドイツやフランスの参《さん》審制《しんせい》とも異なる制度であるとしています。(a)陪審制とは、犯罪事実の認定（有罪か無罪か）は陪審員のみが行い、職業裁判官は法律問題（法律解釈）と量刑《りょうけい》（刑の重さの決定）を行う制度をいいます。陪審員は、事件ごとに選任されます。

一方、(b)参審制とは、職業裁判官

頼の向上に資する」としていますが、従来の職業裁判官の制度では、「司法に対する国民の理解の増進とその信頼の向上」は得られなかったようです。

裁判員制度による刑事裁判では、一般国民の中からクジで選ばれた裁判員六人と職業裁判官三人（例外的に起訴事実を認めているような一定の事件では裁判員四人と職業裁判官一人）によって、①被告人が有罪《ゆうざい》かどうか、②有罪の場合は、どのような刑にするかを決めることとされています。

あなたは、殺人事件のような重大な刑事事件で、人を裁くことができますか。

裁判員制度の対象となる刑事事件とは

裁判員制度の対象となる刑事事件は、裁判員法第二条第一項で次のように規定されています。

(1) 法定刑《ほうていけい》（法律に定めた刑）が①死刑《しけい》、②無期《むき》の懲役《ちょうえき》、③無期の禁錮《きんこ》に当たる罪の事件

(2) 裁判所法第二六条第二項第二号に掲げ《かか》る事件（法定刑の短期が一年以上の懲役または禁錮に当たる事件で強盗《ごうとう》など一定の罪を除いたもの）であって、故意の犯罪行為により被害者を死亡させた罪の事件

裁判員制度の対象となる重大な刑事事件の代表的な例を挙げると次の通りです。

と参審員が合議体《ごうぎたい》を構成して犯罪事実の認定（有罪か無罪か）や量刑（刑の重さの決定）のほか法律問題（法律解釈《かいしゃく》）についても判断を行う制度をいいます。参審員は、任期制《にんきせい》で選任されます。

日本の裁判員制度は、職業裁判官と裁判員が合議体を構成する点では参審制と同様ですが、裁判員は、犯罪事実の認定と量刑を行い、法律問題は職業裁判官のみが行う点で参審制とは異なります。一方、裁判員が事件ごとに選任される点では陪審制と同様です。

① 人を殺した場合（殺人罪・刑法第一九九条）
② 強盗《ごうとう》が人を負傷させた場合や死亡させた場合（強盗致死傷罪・刑法第二四〇条）
③ 人の住んでいる家に放火をした場合（現住建造物放火罪・刑法第一〇八条）
④ 身体を傷害して人を死亡させた場合（傷害致死罪・刑法第二〇五条）
⑤ 強姦罪《ごうかんざい》を犯して女子を死傷させた場合（強姦致死傷罪・刑法第一八一条第二項）
⑥ 強制猥褻罪《きょうせいわいせつざい》を犯して人を死傷させた場合（強制猥褻致傷罪・刑法第一八一条第一項）
⑦ 強盗が女子を強姦した場合（強盗強姦罪・刑法第二四一条前段）
⑧ 強盗が女子を強姦して死亡させた場合（強盗強姦致死罪・刑法第二四一条後段）
⑨ 酒に酔って正常な運転が困難な状態で自動車を運転し人を負傷させた場合や死亡させた場合（危険運転致死傷罪・刑法第二〇八条の二）
⑩ 身代金《みのしろきん》をとる目的で人を誘拐《ゆうかい》した場合（身代金目的誘拐罪・刑法第二二五条の二）
⑪ 幼児などに食事を与えず放置して死亡させた場合（保護責任者遺棄致死罪・刑法第二一九条）

最高裁判所の発行したブックレット『裁判員制度』（二〇〇五年十月発行）によると裁判員制度の対象となる事件の数（被告人の数）を二〇〇四年（平成十六年）の場合でみると全国の地方裁判所の刑事事件数八万一二五一件の四・一％の三三〇八件であるとしています。

強姦罪

暴行または脅迫によりその反抗を著しく困難にして十三歳以上の女子を姦淫し、または、十三歳未満の女子を姦淫する行為に対する罪をいいます（刑法第一七七条）。十三歳未満の場合は暴行または脅迫の要件はありません。姦淫とは、男性性器を没入することをいいます。刑罰は、三年以上の有期懲役とされています。

強制猥褻罪

十三歳以上の男女に対して暴行または脅迫によりその反抗を著しく困難にしてする猥褻な行為に対する罪をいいます（刑法第一七六条）。猥褻な行為とは、姦淫以外の性欲を刺激興奮させる行為をいいますが、暴行または脅迫を用いた接吻も含まれます。刑罰は、六カ月以上十年以下の懲役とされています。

裁判員制度の対象となる重大な刑事事件

最高裁判所のブックレット『裁判員制度』75頁によると、平成16年の場合だと全国の地方裁判所の3308件の内訳を罪名別に見ると、次のような内訳になります。

①	強盗致傷	888件
②	殺人	795件
③	現住建造物等放火	297件
④	傷害致死	277件
⑤	強姦致死傷	270件
⑥	強制猥褻致死傷	141件
⑦	強盗致死	126件
⑧	強盗強姦	105件
⑨	麻薬特例法違反	83件
⑩	覚醒剤取締法違反	80件
⑪	偽造通貨行使	79件
⑫	危険運転致死	50件
⑬	銃砲刀剣類所持等取締法違反	40件
⑭	通貨偽造	24件
⑮	逮捕監禁致死	17件
⑯	拐取《かいしゅ》者身代金取得等	15件
⑰	組織的な犯罪の処罰及び犯罪収益の規制等に関する法律違反	10件
⑱	爆発物取締罰則違反	7件
⑲	保護責任者遺棄等致死	2件
⑳	身代金目的拐取	1件
㉑	麻薬及び向精神薬取締法違反	1件

Q20 裁判員は、どのようにして選ばれるのですか？

裁判員は無作為に選ばれると聞きましたが、どのように選ばれるのでしょうか？　断ることはできるのですか？　それぞれの個人事情は考慮されるのですか？

裁判員は、選挙人名簿の中からクジで選ばれる

公職選挙法《こうしょくせんきょほう》に規定する衆議院議員の選挙人名簿《せんきょにんめいぼ》（有権者《ゆうけんしゃ》名簿）をもとに地方裁判所ごとに毎年クジで選んだ裁判員候補者名簿《こうほしゃめいぼ》を作成し、裁判員は、この裁判員候補者名簿の中から各事件ごとにクジで裁判員候補者が選ばれた後、裁判所で選任の手続が行われます。具体的には、次のような手順となります。

(1)　裁判員候補者の人数の割り当てと選挙管理委員会への通知

各地方裁判所は、毎年九月一日までに翌年に必要な裁判員候補者の人数を管轄《かんかつ》する区域内の市町村に割り当て、各市町村の選挙管理委員会に通知します。

(2)　各市町村の選挙管理委員会は、裁判所からの通知を受けた後、選挙人名簿の中からクジで選んだ裁判員候補者予定者の名簿を作成して通知を受けた年の十月十五日までに当該《とうがい》地方裁判所に送付します。

公証人
法務大臣が任命し各地方の法務局

(3)　裁判員候補者名簿の作成

各地方裁判所は、送付を受けた裁判員候補者予定者名簿の中から裁判員となれない者（例えば、国会議員、弁護士、検察官、公証人《こうしょうにん》、裁判所職員、法務省職員）を除いて、裁判員候補者名簿を作成します。

(4)　裁判員候補者名簿に記載された者への通知

各地方裁判所は、裁判員候補者名簿に記載された者に、その旨の通知をします。

(5)　裁判員候補者の呼び出し

各地方裁判所は、各事件ごとに裁判員候補者名簿の中からクジで選ばれた者に対して指定の日時に裁判所に出頭するよう呼び出し状を送付します。出頭の呼び出しを受けた者が、正当な理由なく出頭しない場合は一〇万円以下の過料《かりょう》に処《しょ》せられます。

(6)　裁判所での裁判員と補充裁判員《ほじゅうさいばんいん》の選任の手続

各地方裁判所は、裁判員と補充裁判員の選任手続に先立ち、裁判員になれない者であるかどうかなどの判断に必要な質問をするための質問票を用いる場合があり、質問票が事前に裁判員候補者と補充裁判員候補者に送付される場合があります。

選任手続では、裁判長からその事件との利害関係《りがいかんけい》の有無《うむ》、不公平な裁判をするおそれの有無、辞退希望《じたいきぼう》の有無や理由などについて質問されます。検察官や弁護人

に所属して公証人役場において依頼を受けて権利や義務に関する書類（例えば、契約書、遺言書）を「公正証書」として作成する権限を有する者をいいます。公正証書とは、公証人が公証人法に基づいて作成する書面をいいます。公証人法には任命資格に試験制度が予定されていますが、実際には、裁判官ＯＢ、検察官ＯＢ、法務局職員ＯＢによって占められています。

過料

金銭罰の一種ですが、罰金のような刑罰ではありません。過料は、法令違反行為に対して課せられる秩序罰であって、刑法に規定する罰金（一万円以上）や科料（千円以上一万円未満）のような刑罰とは性質を異にするものです。

は、裁判長の質問の結果などをもとに裁判員候補者から除外するべき者を指定することができます。これらの除外される者や義務教育を終了していない者その他の裁判員になれない一定の理由がある者は除外されることになり、除外されなかった者から裁判員の選任の決定がなされます。

裁判員候補者として裁判所から呼び出しを受ける可能性は、どのくらいか

最高裁判所の発行したパンフレット『平成二十一年スタート裁判員制度』によると、裁判員候補者として裁判所から呼出しを受ける可能性は、二〇〇四年（平成十六年）の場合の件数を参考にすると裁判員制度の対象となる事件数は三三〇八件だったので、全国の有権者数が約一億二八七万人ですから、仮に一事件について裁判員候補者として五〇人ないし一〇〇人が呼出しを受けるとすると一年間で約三二〇人ないし六二〇人に一人が裁判員候補者として呼び出しを受けることになります。

裁判員になれない理由には、どんなものがあるか

裁判員は、衆議院議員の選挙権を有する者（二十歳以上の者）の中から選任されますが、次の事由がある場合は裁判員になれないとされています。

(1) 欠格事由《けっかくじゆう》

① 義務教育を終了していない者（ただし、義務教育を終了した者と同等以上の学識を有する者は除きます）

② 禁錮《きんこ》以上の刑に処せられた者
③ 心身《しんしん》の故障《こしょう》のため裁判員の職務の遂行に著しい支障がある者
④ 国家公務員となる資格のない者（懲戒免職《ちょうかいめんしょく》処分を受け二年を経過しない者、成年被後見人《ひこうけいにん》、被保佐人《ひほさにん》など）

(2) 就職禁止事由
① 国会議員、国務大臣、国の行政機関の幹部《かんぶ》職員
② 裁判官と裁判官であった者、検察官と検察官であった者、弁護士と弁護士であった者、弁理士、司法書士《しほうしょし》、公証人、司法警察職員の職務を行う者、裁判所職員、法務省職員、国家公安委員会委員・都道府県公安委員会委員、警察職員、判事・判事補・検事・弁護士となる資格を有する者、司法修習《しほうしゅうしゅう》生《せい》、自衛官《じえいかん》
③ 大学の学部・専攻科・大学院の法律学の教授・助教授
④ 都道府県知事、市区町村長
⑤ 禁錮以上の刑に当たる罪につき起訴され、その事件の終結《しゅうけつ》していない者
⑥ 逮捕または勾留《こうりゅう》されている者

(3) 審理をする事件に関連する主な不適格事由《ふてきかくじゆう》
① 被告人または被害者
② 被告人または被害者の親族または親族であった者
③ 被告人または被害者の法定代理人（例えば、親権者、後見人）、後見監督人《こうけんかんとくにん》、

禁錮

刑法に規定する刑罰の種類で、禁錮には無期禁錮と有期禁錮とがあり、有期禁錮は、一カ月以上二十年以下とされています。禁錮は、監獄《かんごく》に拘《こう》置《ち》されます。懲役が監獄に拘置して所定の作業を行わせるのとは異なります。

勾留

被疑者や被告人が罪を犯したと疑うに足りる相当な理由があり、かつ、住所不定、罪証隠滅《ざいしょういんめつ》または逃亡《とうぼう》のおそれのいずれかの理由（勾留の理由）がある場合に認められる拘禁《こうきん》のことをいいます。刑罰の一種である拘留《こうりゅう》（一日以上三十日未満で拘留場に留置《りゅうち》すること）とは異なります。

保佐人、保佐監督人、補助人、補助監督人
④　被告人または被害者の同居人または被用者
⑤　事件について告発または請求をした者
⑥　事件について証人または鑑定人になった者
⑦　事件について被告人の代理人、弁護人、補佐人になった者
⑧　事件について検察官または司法警察職員として職務を行った者、など

(4)　その他の不適格事由
裁判所が裁判員法の定めるところにより不公平な裁判をするおそれがあると認めた者（以上の(1)から(4)の各事由は、補充裁判員にも準用《じゅんよう》されます）

裁判員になることを辞退することができるか

裁判員になることを辞退《じたい》することは、原則としてできませんが、次のいずれかに該当する場合に限り、裁判員となることについて辞退の申立をすることができます。この辞退の申立が裁判所に認められた場合には辞退をすることができます。

(1)　年齢が七十歳以上の者
(2)　地方公共団体の議会の議員（会期中の者に限ります）
(3)　学校教育法に規定する学校の学生または生徒
(4)　過去五年以内に裁判員または補充裁判員の職にあった者
(5)　過去一年以内に裁判員候補者として選任手続期日に出頭したことがある者

告発
犯人と告訴権者以外の者が捜査機関に対して犯罪事実を申告して犯人の処罰を求める意思表示をすることをいいます。告発をする者の資格の制限はありません。

請求
特定の犯罪について一定範囲の者が犯罪事実を申告して犯人の処罰を求める意思表示をすることをいいます。

(6)　過去五年以内に検察審査員または補充員の職にあった者
(7)　次の事由その他のやむを得ない事由があり、裁判員の職務を行うことまたは選任手続期日に出頭することが困難な者
①　重い病気または重いケガにより裁判所に出頭することが困難《こんなん》であること。
②　介護《かいご》または養育《よういく》が行わなければ日常生活を営むのに支障がある同居の親族の介護または養育を行う必要があること。
③　その従事する事業における重要な用務であって自らがこれを処理しなければ当該事業に著《いちじる》しい損害が生じるおそれがあるものがあること。
④　父母の葬式《そうしき》への出席その他の社会生活上の重要な用務であって他の期日に行うことができないものがあること。

Q21 裁判員の仕事とは？

もし、裁判員に選ばれたら、どんなことをするのですか？　裁判官と同じことをするのでしょうか？　間違った判断で人を裁くのは不安なのですが……。

裁判員のする主な仕事の内容は

(1) 裁判員に選ばれたら、主に次のような仕事をすることになります。
　① 職業裁判官といっしょに公開の法廷《ほうてい》の審理（公判《こうはん》）に出席します。
　② 裁判員に選ばれたら、職業裁判官といっしょに公開の法廷に出席します。出席に必要な交通費・宿泊料・日当《にっとう》は裁判所から支給されます。
　③ 公判では、証拠として提出された書類や物を取り調べるほか、被告人や証人に対する尋問《じんもん》が行われます。裁判員から被告人や証人に尋問することもできます。
　法廷の配置は裁判所によって異なりますが、おおむね左下図のような配置になるものと考えられています。

(2) 傍聴人《ぼうちょうにん》なしで評議《ひょうぎ》（職業裁判官と裁判員とが十分に議論すること）をし評決《ひょうけつ》（決

公判
　刑事裁判で公開の法廷で行われる審理をいいます。公判の行われる期日（裁判所の審理の行われる日時）を公判期日といいます。公判期日は裁判長が定めます。公判期日は検察官や弁護人に通知されます。公判期日には被告人を召還（出頭すべきことを命ずる裁判所の意思表示）する必要があります。

定すること）をします。

① 裁判員は、証拠（書類その他の物的証拠、証人その他の者の証言・供述）に基づいて、(a)被告人が有罪か無罪か、(b)有罪だとするとどんな刑にするべきかを評議室で職業裁判官といっしょに評議をし評決をします。

② 評議の結果、全員一致の結論が得られない場合は、評決は、多数決《たすうけつ》によって決定します。ただし、その多数意見には、職業裁判官と裁判員のそれぞれ一人以上の賛成が必要とされています。例えば、被告人が犯人かどうかについて、(a)裁判員五人が「犯人である」という意見を述べ、(b)裁判員一人と職業裁判官三人が「犯人でない」という意見を述べた場合は、「犯人である」という意見が多数意見ですが、職業裁判官と裁判員のそれぞれ一人以上の賛成の意見を含みませんから、犯人とは認定できないので無罪ということになります。

③ (a)被告人が有罪か無罪か、(b)有罪だとするとど

法廷の配置

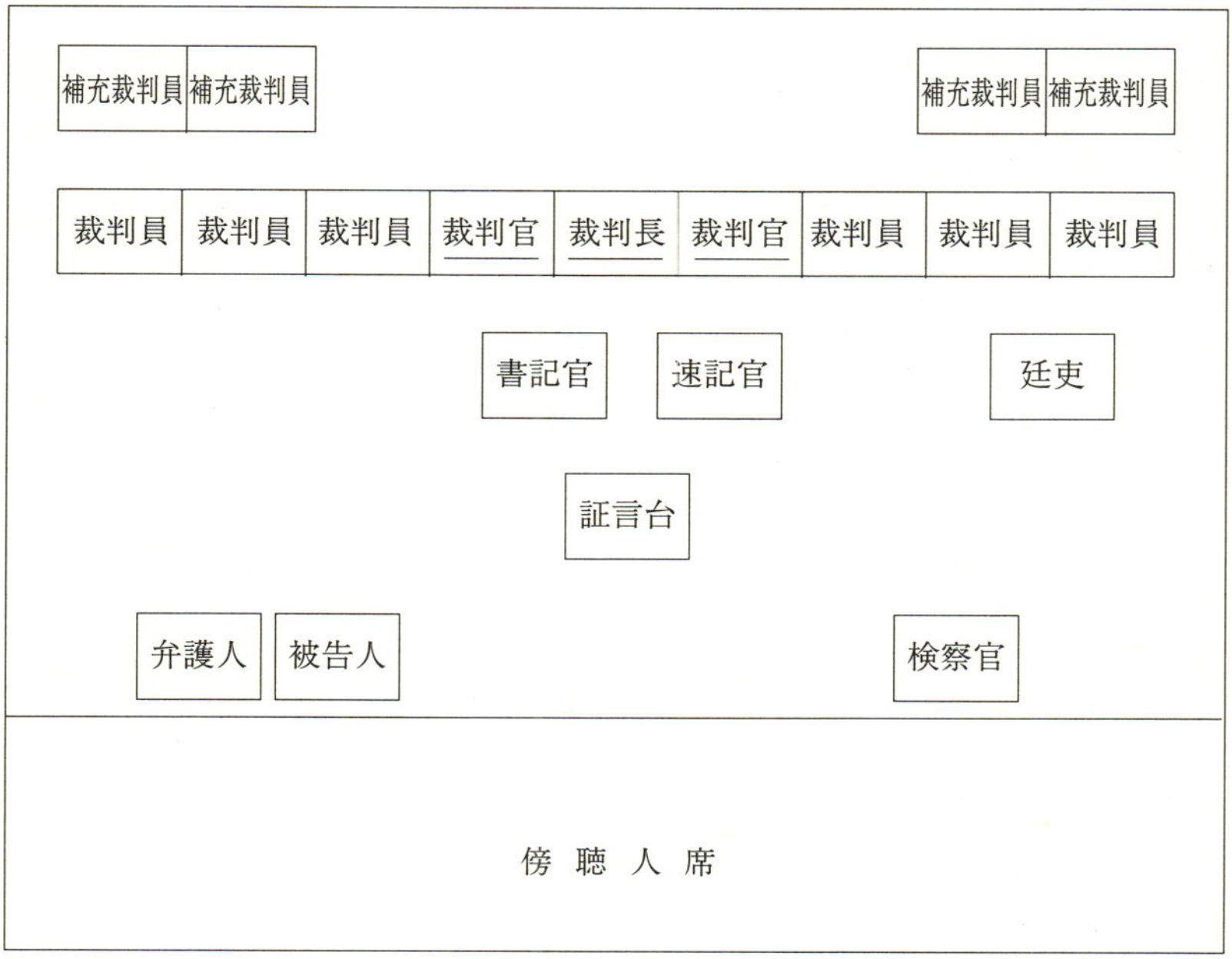

んな刑にするべきかの裁判員の意見は、職業裁判官と同じ扱いになります。裁判員は職業裁判官の補助ではないのです。

④　裁判員の関与する判断に関しては、証拠の証明力（証拠の価値）は、それぞれの裁判員や職業裁判官の自由な判断にゆだねることとしています。これを自由心証主義といいます。

(3)　公開の法廷で判決の宣告《せんこく》があります。

①　評決の内容が決定すると、公開の法廷で裁判長が判決の宣告をします。

②　裁判長が判決の宣告をすると、裁判員の仕事は終わります。

裁判員の守秘義務とは、どんなものか

裁判員は、評議の秘密《ひみつ》その他の職務上知り得た秘密を漏《も》らさない義務（守秘義務《しゅひぎむ》）を負います。

①　評議の秘密とは、例えば、どのような過程を経て結論に達したのか（評議の経過）とか、非公開の評議の中で裁判員や職業裁判官がどのような意見を述べたのかとか、その意見に賛成した者の数や反対した者の数、評議の際の多数決の人数などをいいます。

②　評議以外の職務上知り得た秘密とは、例えば、事件の記録から知った被害者その他の関係者のプライバシーに関する事項、裁判員の名前などがあります。

評議

合議体（複数の裁判官や裁判員で構成する裁判体）による裁判で裁判所の意思を決定するために議論をする手続をいいます。評議は、裁判長が主宰し、意見が一致しない場合は、多数決によることになります。

評決

裁判所の構成が合議体である場合、評議を経て判決内容の決定をすることをいいます。評決は、判決理由で示すすべての論点について、判決主文（判決の結論部分）で示されている結論に至る論理過程が分かるように示されます。

裁判員の守秘義務に違反した行為には、罰則《ばっそく》が規定されています。

裁判員制度によって刑事裁判は変わる

従来からの刑事裁判の流れは次のようになっていますが、裁判員制度による刑事裁判では、冒頭手続《ぼうとうてつづき》の前の実際の法廷での裁判が始まる前に裁判所の決定により「公判前整理手続《こうはんまえせいりてつづき》」を行うことになります。

検察官の公訴提起（起訴）	① 検察官検事から裁判所へ起訴状《きそじょう》を提出します。 ② 起訴状には被告人の氏名、本籍、住所、生年月日、職業、公訴事実、罪名・罰条《ばつじょう》が記載されます。
←	
冒頭手続	①人定質問《じんていしつもん》（被告人の人違いでないか確認の質問）、②検察官の起訴状の朗読《ろうどく》、③被告人への黙秘権《もくひけん》の告知、④被告事件に対する陳述《ちんじゅつ》（罪状認否《ざいじょうにんぴ》）が行われます。
←	
証拠調べ手続	①検察官の冒頭陳述（証拠によって証明すべき事実を明らかにする陳述）、②公訴事実（犯罪事実）に関する立証、③被告人の情状に関する立証、④被告人への質問が行われます。

年（平成十七年）十一月から開始された手続で、裁判所が検察官と弁護人または被告人の意見を聴いて第一回公判期日前に事件の争点や証拠の整理をするための公判準備が必要と判断した場合に行われる手続をいいます。裁判員制度の開始後は、この手続により審理の迅速化を図ることにしています。

起訴状

検察官が起訴（公訴の提起、公判請求ともいいます）をする場合に裁判所に提出する書面をいいます。起訴状には、①被告人の氏名その他被告人を特定するに足りる事項、②公訴事実（公訴提起の対象となった犯罪事実で、日時・場所・方法を特定して示されます）、③罪名（適用すべき罰条）が記載されます。

↓

弁論手続	①検察官の論告・求刑《きゅうけい》、②弁護人の弁論、③被告人の最終陳述が行われて弁論の終結となります。

↓

判決の宣告

裁判員制度による刑事裁判の流れは、法廷での裁判が始まる前に裁判所の決定により、非公開の（傍聴人のいない）「公判前整理手続」を行うことになります。「公判前整理手続」では、①検察官が証明予定事項を記載した書面を提出して証拠を開示します。②弁護人が更に証拠の開示を求め主張を明示《めいじ》します。③検察官・弁護人・裁判所の三者で争点（その事件で争いになっている点）と証拠を確認して公判の日程を調整します。

最高裁判所が二〇〇五年（平成十七年）に発行したブックレット『裁判員制度』六〇頁によると次のように変わるとされています。ただ、Ｑ23に述べる通り、このように予定通りに進められるかどうかは疑問があります。

裁判員制度により、このように変わる

これまでの刑事裁判	裁判員制度による刑事裁判
①　事件で真に争いとなっているところ（争点）のほかに、事件に至る経緯や事件後の状況等の事実関係についても広く審理の対象とされることがありました。	①「公判前整理手続」において争点はどこか明確にした上で、争点に絞ったメリハリのある審理を行います。そうすることで、裁判員が争点についての判断をしやすくなります。
②　たくさんの証拠が取り調べられていました。	②　争点の判断に必要不可欠な証拠に絞って取り調べが行われることになりました。
③　証拠の多くが書類であり、裁判官がこうした書類を読み込んで理解していました。	③　法廷での審理で見たり聞いたりすることによって理解できるようにします。例えば、実際に法廷に証人に来てもらい、直接その人の口から証言してもらうというやり方が増えると思われます。
④　ごく一部ではありますが、審理の回数が多く、その間隔も開いているため、裁判が長期化する事件もありました。	④　事前に審理の予定をきちんと定めて、審理の回数を限定し、かつ、裁判をできるだけ連日行うことにより、裁判に要する期間が格段に短くなります。

Q22 裁判員制度は、国民の理解が得られているのですか？

裁判員制度について世論はどうみているのでしょうか？　内容がよく分からないので不安なのですが……。世論は了解しているのですか？

国民の理解の得られない裁判員制度

裁判員制度を定めた裁判員法が公布された二〇〇四年（平成十六年）五月以降、最高裁判所・法務省・弁護士会は、二〇〇九年（平成二十一年）五月までの開始に備えて積極的に周知宣伝活動《しゅうちせんでんかつどう》を続けていますが、いまだに国民の理解は得られていません。

裁判員制度は、いうまでもなく一般国民の理解がないと成立しないものなのです。参加を拒否する国民には、過料《かりょう》の制裁《せいさい》を科すことにして参加を強制していますが、一般国民の理解の得られない裁判員制度が成功するとは考えにくいのです。

あなたは、人を裁けますか。

最高裁判所の実施した全国アンケートの結果

最高裁判所は、二〇〇六年（平成十八年）一月から二月にかけて全国の二十歳以

周知宣伝活動のパンフレットの写真

上の国民八三〇〇人を住民基本台帳《じゅうみんきほんだいちょう》から無作為《むさくい》に抽出して世論調査《よろんちょうさ》を実施し五一七二人から有効な回答を得た（有効率六二％）として、二〇〇六年（平成十八年）四月二十七日に調査結果を公表しました（二〇〇六年四月二十八日付新聞各紙参照）。

その調査結果によると、次の通り六〇％以上の国民は裁判員制度に参加することに消極的であることが分かりました。

Q　裁判員として参加したいか

①　参加したくない　三三・三％
②　あまり参加したくない　二八・四％
（①＋②＝六一・七％）
③　参加してもよい　一九・四％
④　参加したい　八・二％
⑤　分からない・無回答　一〇・九％

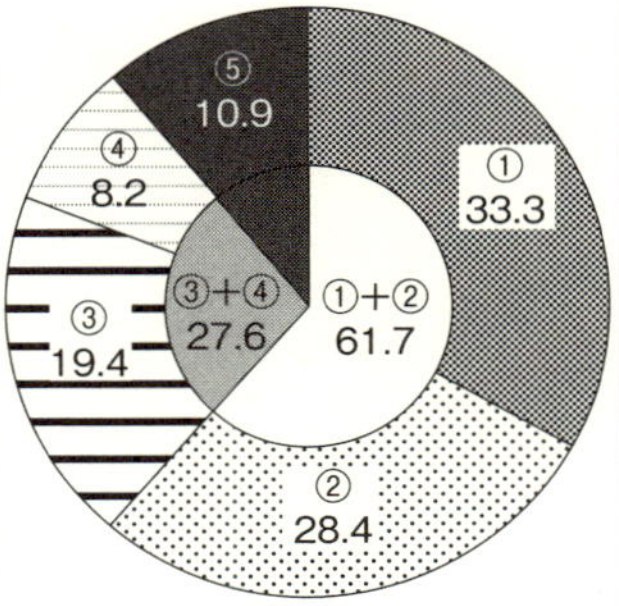

裁判員となる場合の障害については、次の通り「日程調整が大変」と「心理的に不安」を理由にあげる人が多いことが分かりました。

住民基本台帳

全国の各市町村に住所のある個人の住民票（氏名、住所、生年月日、性別、本籍などを記載した書面）を世帯ごとに編成して作成した台帳をいいます。住民基本台帳法に基づいて作成される台帳で、各種の選挙に必要な選挙人名簿（有権者名簿）の作成、国民年金・国民健康保険などの被保険者資格の確認などの公務にも使用されます。

Q　裁判員となる場合の障害（回答は複数回答）

① 日程調整が大変　六五・三％
② 心理的に不安　五三・四％
③ 移動が大変　二六・四％
④ 金銭上の負担　二三・七％
⑤ 健康が心配　二一・〇％
⑥ 家族の健康が心配　一二・五％
⑦ その他　七・九％
⑧ 特にない　四・八％
⑨ 分からない　一・五％

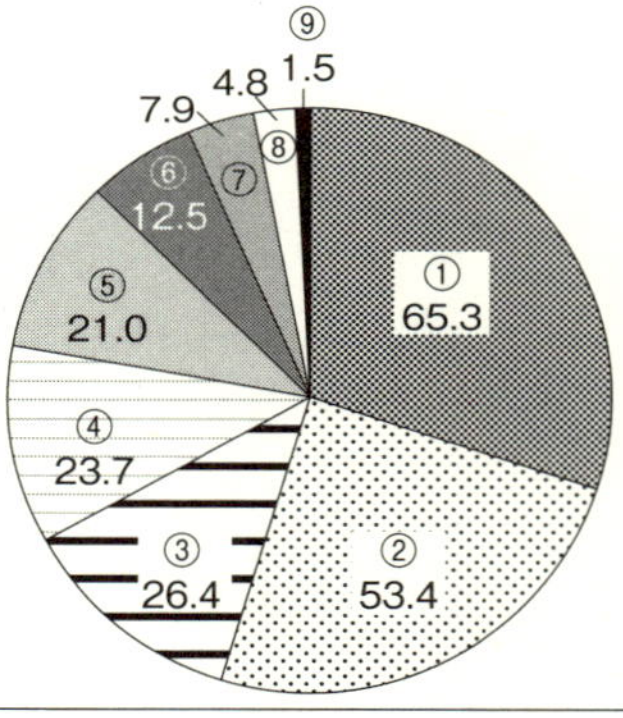

刑事訴訟法の改正により審理に三日以上かかる事件では、できる限り連日開廷《れんじつかいてい》して審理を行うこととされましたが、世論調査の結果では連続して裁判に参加できる日数は、最も多かったのは三日以内で次のような結果となっています。

Q　連続して裁判に参加できる日数

① 一日も参加できない　二九％

② 三日以内　三九％　（①＋②＝六八％）
③ 四日～五日　八％
④ 六日～一〇日　二％
⑤ 一一日以上　四％
⑥ 分からない　一九％

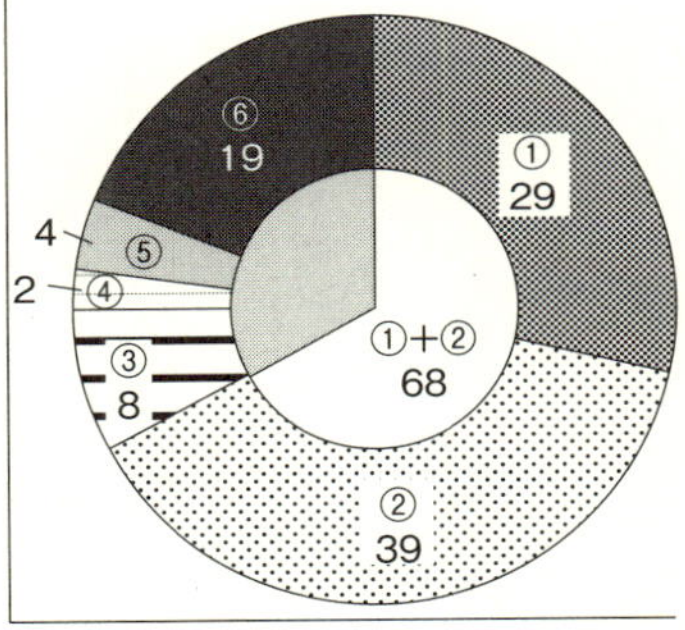

Q23 裁判員制度の主な問題点は、何ですか？

今の裁判がおかしいこともわかりましたが、裁判員制度ですべて改まるとは思えません。裁判員制度にも問題があるのではありませんか？

この裁判員制度で、人を裁けるのか

この裁判員制度《さいばんいんせいど》では、殺人事件のような重大な刑事事件《けいじじけん》の裁判を一般国民の中からクジで選ばれた裁判員六人と職業裁判官三人がいっしょに被告人が有罪《ゆうざい》か無罪《むざい》か、刑罰《けいばつ》の重さをどのくらいにするかなどを決めることになります。中学卒業以外の何らの資格も必要のない一般国民の中からクジで選ばれた裁判員が、果して、職業裁判官と同じ権限《けんげん》を持って被告人を裁けるのかの素朴な疑問があるほか、法律的には、この裁判員制度に対しては、「違憲《いけん》のデパート」といった憲法違反の制度であるとか、その他の以下に述べるような多くの問題点が指摘されています。ここでは、裁判員制度の主な問題点について次の論文を中心に紹介します。

① 判例時報《はんれいじほう》一八八三号・一八八四号の大久保太郎元東京高等裁判所判事の論文「〈違憲のデパート〉裁判員制度実施の不可能性（上）（下）」

② 判例時報一九〇四号・一九〇五号の西野喜一新潟大学教授の論文「裁判員制

憲法第七六条第三項

憲法第七六条第三項は、「すべて裁判官は、その良心に従ひ独立してその職権を行ひ、この憲法及び法律にのみ拘束される」と規定しています。本項は、司法権の独立の核心である裁判官の職権の独立を定めています。司法権の独立とは、⑴裁判官がその職務を行うに当たって、憲法と法律以外の何ものにも拘束されず

度批判（上）（下）」

③ 判例時報一八七四号・一八七五号の西野喜一新潟大学教授の論文「日本国憲法と裁判員制度（上）（下）」

裁判員制度は、憲法に違反し許されない！

① 憲法の規定する司法制度《しほうせいど》は、裁判権行使《こうし》の主体として職業裁判官のみを定めており裁判員制度は許されない。憲法に違反する法律は無効《むこう》である。

② 裁判員制度では、全員一致の結論が得られない場合は、評決《ひょうけつ》は多数決によって決定するが、その多数意見には、職業裁判官と裁判員のそれぞれ一人以上の賛成が必要とされているから、職業裁判官全員が有罪、裁判員全員が無罪の意見である場合は、職業裁判官以外の判断によって無罪の判決をすることになる。このことは憲法七六条三項に規定する裁判官の独立を侵害することになる（裁判員法（裁判員の参加する刑事裁判に関する法律）六七条一項の条文には、「前条第一項の評議における裁判員の関与は、裁判所法第七七条の規定にかかわらず、構成裁判官及び裁判員の双方の意見を含む合議体の員数の過半数の意見による」と規定しています。前条第一項の評議とは、構成裁判官（職業裁判官）と裁判員の行う評議をいいます。また、裁判所法第七七条には、裁判の評決は、裁判官の過半数によることとしています。つまり、裁判員法の下では、職業裁判官全員が有罪、裁判員全員が無罪の意見の場合は、結局、裁判官以外の者の判断によって無罪の判決をしなければなら

に独立して職権を行使することと、⑵司法権（全体としての裁判所）が、他の国家機関（国会や内閣）から独立して自主的に活動することをいいます。

憲法第一三条

憲法第一三条は、「すべて国民は、個人として尊重される。生命、自由及び幸福追求に対する国民の権利については、公共の福祉に反しない限り、立法その他の国政の上で、最大の尊重を必要とする」と規定しています。この規定は、個人の尊厳に基づく基本的人権の保障の意味を明らかにしたものです。本条前段は、憲法の基本原理である個人の尊厳＝個人主義原理を表明したものであり、本条後段は、前段と結びついて幸福追求権として人権保障の一般原理を表明したものです。

ないので、憲法に規定する裁判官の独立を侵害するというのです）。

③　裁判員制度は、個人の尊重や幸福追求権を定めた憲法一三条に違反する。国民はその意思に反する制約を公権力《こうけんりょく》から受けることなく行動する権利を有するが、憲法に根拠もない裁判員制度により国民の刑事裁判への参加を強制することは憲法一三条に違反することになる。想定《そうてい》される侵害には次のようなものがある。

(a)　裁判員候補者になった場合の精神的不安（重大な刑事事件で自分に有罪か無罪かの判断や刑罰の重さの判断ができるのかなど）

(b)　裁判員辞退の手続やその費用の負担（裁判所への出頭は一日仕事になるが、交通費・宿泊料も自己負担となる）

(c)　裁判員選任手続の期日の出頭義務の負担（正当な理由なく出頭しない場合は、一〇万円以下の過料に処せられる）

(d)　裁判員選任期日の苦しみ（全公判期日が裁判員に通知されるが、裁判長から種々の質問をされ何でこんな目に会うのかと後悔をして恨むことになる）

(e)　公判期日への出頭義務の負担（正当な理由なく出頭しない場合は、一〇万円以下の過料に処せられる）

裁判員制度では、手抜き審理が横行する可能性がある

①　裁判員の負担を考慮《こうりょ》して、裁判員が逃げ出したり次回公判期日に欠席しな

いように早めに切り上げるようになる。裁判員が次回期日に出頭する保証はない。

②　裁判員の能力に応じた審理の手抜きが横行《おうこう》するようになる。裁判員の資格は義務教育終了ということ以外にはないが、提示された細かい間接事実から合理的な推論を展開して公訴事実の有無を認定することは甚《はなは》だ困難である。証言のような分かりやすい証拠が重用されて安易《あんい》な証拠ばかりの世界になるのではないか。

③　補充裁判員も使い切ってしまい裁判員に欠員《けついん》が生じた場合は、新たな裁判員候補者を呼び出して選任の手続をすることになるが、新たに裁判員が加わった場合でも証拠調べを最初からやり直すことにしていないから、証拠の一部にしか接しない裁判員が判断をすることになる。刑事訴訟法第三一七条は「事実の認定は、証拠による」と規定しているので、およそ人を裁くには証拠の全体像を見て判断する必要があり、証拠の一部分だけによって判断するのは裁判とはいえない。

④　裁判員制度の恐怖は、このような手抜き審理が横行すると、仮に誤判があっても当事者のせいか裁判員のせいだというたるんだ雰囲気が蔓延《まんえん》する。どんな大きな間違いをしても、いかなる責任も負わないという制度がまともに機能するはずがない。

刑事訴訟法第三一七条

刑事訴訟法第三一七条は、「事実の認定は、証拠による」とし証拠裁判主義を規定しています。「事実の認定は、証拠による」とは、公訴犯罪事実の立証は、厳格な証明（証拠能力のある証拠により、かつ、適法な証拠調べ手続を経た証明）によることを意味します。厳格な証明に対する「自由な証明」とは、訴状手続上の事実を厳格な証明が必要とすると訴訟制度が動かなくなってしまうことから、証拠能力や適法な証拠調べという厳格な要件を必要としない証明をいいます。

英米法の陪審制

犯罪事実の認定（有罪か無罪か）は一般国民の中から選ばれた陪審員のみが行い、職業裁判官は法律問題（法律解釈）と量刑（刑の重さの

裁判員制度では、事案の真相の究明が図れなくなるおそれがある

① 英米法《えいべいほう》の陪審制《ばいしんせい》では、一般市民の事実認定に際して、真実とは無関係に検察官と弁護人の腕次第で被告人の運命が決められることは公知《こうち》の事実であるが、刑事裁判では真実が明らかにされなければならないと考える日本人には裁判員制度は支持されない。

② 裁判員制度の対象とされる刑事事件は限定されているから、検察官が、事件を分割して（例えば、強盗傷害事件なら強盗と傷害に分割して）裁判員制度の審理を避けるようにならないか危惧《きぐ》される。

裁判員制度では、訴訟費用がかかり過ぎる

① 裁判員や補充裁判員の交通費・日当・宿泊料だけでも膨大《ぼうだい》な費用がかかる。

② 裁判員制度の実施のための裁判所の改築《かいちく》、法廷の構造の改装《かいそう》に費用がかかる。

裁判員制度の適用されない各種事件の審理が遅延するおそれがある

① 裁判員制度の実施によって裁判官の数が不足する。

② 他の各種事件の裁判官を裁判員制度にあてることから各種事件の審理が遅《ち》延《えん》するおそれがある。

決定）を行う制度をいいます。陪審員は、事件ごとに選任されます。もともとは英国で生まれた制度ですが、新大陸に移植された後にアメリカ社会に根づいたのです。英米法の陪審制には、①民事陪審と②刑事陪審とがあり、刑事陪審には、(a)事件の起訴・不起訴を決定する大陪審（起訴陪審）と(b)事件の審理に立ち会い有罪・無罪の評決（決定）をする小陪審（審理陪審）とがあります。

裁判員制度では、裁判員に動員される国民の負担が余りにも大きなものになる

① 選挙人名簿からクジで選ばれた裁判員候補者には選任手続が行われるので、質問票に回答することを求められたり裁判長の面接審査があるが、この過程で裁判員候補者のプライバシーはないことになる。裁判員法は裁判員候補者のプライバシーはないことを規定している。

② 裁判員候補者が裁判員選任手続の質問票に虚偽《きょぎ》の記載をしたり、質問に対して虚偽の陳述《ちんじゅつ》をした場合は、五〇万円以下の罰金に処せられる。

③ 裁判員選任手続の呼び出しを受けた者が正当な理由なく出頭しない場合は、一〇万円以下の過料《かりょう》に処せられる。

④ 裁判員や補充裁判員が正当な理由なく公判期日などに出頭しない場合は、一〇万円以下の過料に処せられる。

⑤ 最高裁判所のブックレット『裁判員制度』七六頁の「裁判員制度の対象となる事件の平均開廷回数（二〇〇四年）」によると、裁判員制度の対象となる事件の平均開廷回数は、①自白《じはく》事件では四・一回、②否認事件では九・九回となっている。仮に公判を週一回のペースとすれば、自白事件五回ということは一カ月余りかかることになり、否認事件一〇回は二カ月ないし三カ月はかかることになる。連続開廷にすると被告人の準備が間に合うのか疑問がある。更に、同ブックレットの裁判員制度の対象となる事件の開廷回数別の統計を

見ると次のようになっている。

開廷回数	
三回以内	四一%
六回以内	三四%
一〇回以内	一六%
二〇回以内	六%
二〇回超	三%

裁判員制度を強行するとこうなる

① 裁判員候補者の選任手続期日の不出頭には一〇万円以下の過料の制裁《せいさい》の規定はあるものの、各人の不出頭の正当理由の有無の調査は著しく困難であって罰則の適用は事実上不可能となる。罰則を科すこと自体が憲法違反となる。前記判例時報一九〇五号二一頁以下には、裁判所からの呼び出し状「現代の赤紙」への対応の仕方が具体的に次のように述べられている。

(a) 呼び出し状を無視する

(b) 裁判所への連絡は得策《とくさく》でない

(c) 裁判員選任手続中で辞退事由を説明し免除《めんじょ》を勝ち取る

(d) 検察官や弁護人は六人中の四人まで理由を示さず不選任の請求ができるので、事件に対する「偏見」をなるべく露骨《ろこつ》に示す（陪審制の国でも使われている）

(e) 葬式は父母に限定されないので恩師《おんし》などの葬式に参列する

(f)　事件現場を調査しイメージを作っておく
(g)　確実な方法は事件について新聞記事をもとに告発をしておく
(h)　裁判員になっても解任してもらう（例えば、評議に出席しない、評議で意見を述べない）ことも可能だが、失われた時間は取り戻せない

②　裁判員の公判期日の不出頭にも一〇万円以下の過料の制裁の規定はあるものの、公判期日の不出頭には公判期日の開廷不能という重大な結果が引き起こされる。本来、殺人事件のような重大な刑事事件の裁判の構成員は、重大な職責《しょくせき》を自覚する必要があるが、たまたま、運悪くクジで選ばれて裁判員に引っ張りだされた者にそれを求めることは困難だ。

③　結局、裁判員の顔触れは次のような者が多数を占めることになる（判例時報一八八三号六頁）。これでは、被告人の公平な裁判を受ける権利を侵害し、裁判制度の信頼性という一般国民の利益をも侵害することになる。
(a)　「一ぺん体験してみるか」との物珍《ものめずら》しさも加わった奇特《きとく》な人
(b)　日当《にっとう》を得ることが主目的の人
(c)　親方《おやかた》日の丸の（一部の）公務員
(d)　特殊《とくしゅ》な思想の人

現行の職業裁判官の制度の大改革を先に

結局、憲法違反の制度だと批判される裁判員制度に代わる裁判制度をどうする

のかが大問題となりますが、素人の裁判員を重大な刑事裁判に参加させる前に現行の職業裁判官の制度の大改革を先に実行する必要があります。現行の職業裁判官の制度の問題点は、本書に引用した各種資料やあとがきに記した多数の図書が参考になります。

あとがき

訴訟を体験したほとんどの人は、「もう二度と裁判沙汰にはかかわりたくない！」と思うものです。家永教科書検定訴訟で証人として東京地裁の法廷に出頭した本多勝一氏はその著書『裁判官という情ない職業――これでも裁判所を信頼しますか』の中で証言をした時の体験として次のように述べています（八七頁以下）。

「このときの体験はほとんど仰天《ぎょうてん》するほどひどいものであった。司法権などというものは存在しないと思った。単に独裁政権に屈従しているカイライ裁判所があるだけではないのか。「国」（つまり一党独裁政権）側の証言については、偽証であろうが自家撞着《どうちゃく》であろうがどんどん採用し、家永側（検定反対側）については明白な証拠も無視する。もう完全に無茶苦茶なのだ。これはもう『近代国家』ではない」

本多氏は、この家永教科書検定訴訟の家永側全面敗訴の最高裁判決について次のように述べています。

「ここまで徹底的なカイライぶり、癒着ぶりを最高裁が示してくれた。かねて語りつづけてきた私の説明の正しさを、ますます明確に裏づけてくれたのだ。最高裁のこの腐敗・堕落ぶり。判決直後のテレビは、家永三郎氏の『裁判所もここまで堕落したものか』『国際的にも恥さらし』という怒りの声と表情を伝えたが、そもそも権力とはこういうものである。どんな無茶苦茶でも『正しい』のだ。だからこそヒトラーもスターリンも可能であり、日本の『無謀な戦争』も可能だった」

本書著者の場合の第Ⅱ部Q11に述べた住民訴訟の最高裁判決も、本多氏の述べる通りの無茶苦茶の判決でした。

本書では、民事裁判での裁判官がいかに信用できないものであるかを述べましたが、刑事裁判でも同様のことが起こっているのです。『季刊刑事弁護』第三号「刑事弁護をしたくない四つの理由」（一五頁）には、「裁判所は、有罪の決めつけと捜査機関に対する絶対的信頼のもとに決定を言い渡す。憲法や刑事訴訟法の理念は、絵に描いた餅にすぎない。裁判所は弁護士の意見に耳を傾けようともしないし、弁護士が提出した書面を真面目に読んでいるのかという疑問すら湧いてくる。そんなことを何度か経験すると『ばかばかしくて、もう刑事弁護などやってられるか』という気持ちに陥ってしまう」と述べられています。信用できない裁判官の典型的な姿勢と思われます。

本書では、著者の体験した民事裁判や行政裁判の例によって信用できない裁判官の実像を紹介しましたが、あらゆる分野で「おかしな判決」や「ヘンな裁判官」に満ちあふれています。それらの実態をさらに研究される人には、次の図書が参考になります。

『裁判ゲーム　裁判沙汰になるとこんな目に会う！』（別冊宝島一六九）　宝島社
『民事裁判ものがたり　なぜ誤判決は起きるのか』（冨嶋克子）　イースト・プレス
『裁判官が日本を滅ぼす』（門田隆将）　新潮社
『市民としての裁判官　記録映画『日独裁判官物語』を読む』（木佐茂男）　日本評論社
『くたばれ、行政裁判』（此之岸独居）　同時代社
『裁判官は、なぜ誤るのか』（秋山賢三）　岩波新書・岩波書店
『困った裁判官　その判決文は間違っていた!?』（別冊宝島Real#006）　宝島社
『裁判官は訴える！　私たちの大疑問』（日本裁判官ネットワーク）　講談社
『司法の病巣』（産経新聞司法問題取材班）　角川書店

『孤高の王国・裁判所』（朝日新聞『孤高の王国』取材班）　朝日新聞社
『裁判官という情ない職業』（本多勝一）　朝日新聞社
『裁判官に気をつけろ！』（日垣隆）　角川書店
『裁判の秘密』（山口宏、副島隆彦）　洋泉社
『裁判のカラクリ』（山口宏、副島隆彦）　洋泉社
『いま、裁判が面白い！』（上田誠吉、佐木隆三）　創樹社
『お笑い裁判傍聴記』（木附千晶、三代目仙之助、菊池美香）　自由国民社
『裁判が誤ったとき　請求者の側からみた再審』（竹澤哲夫）　イクォリティ
『司法修習生が見た裁判のウラ側　修習生もびっくり！　司法の現場から』　現代人文社
『弁護士白書』（各年度版）（日本弁護士連合会）　日本弁護士連合会
『なぜ痴漢えん罪は起こるのか　検証・長崎事件』（長崎事件弁護団）　現代人文社
『誤った裁判』（上田誠吉、後藤昌次郎）　岩波新書・岩波書店
『現代　再審・えん罪小史』（竹沢哲夫・山田善二郎編著）　イクォリティ
『えん罪入門』（小田中聰樹、佐野洋、竹澤哲夫ほか）　日本評論社
『冤罪の恐怖――無実の叫び』（青地晨）　社会思想社
『魔の時間――六つの冤罪事件』（青地晨）　社会思想社
『冤罪はこうして作られる』（小田中聰樹）　講談社
『冤罪の戦後史――つくられた証拠と自白』（佐藤友之ほか）　図書出版社

憲法は、人権保障の仕組みとして、立法権・行政権・司法権の三権の分立により権力の分散・抑制・均衡を図る制度を採っていますが、実際には、司法権は、その役割を果たしていないのです。三権の権力分立の憲法理念は、「絵に描いた餅」になっているのです。三権の権力分立の憲法理念に沿った裁判官を期待することは、まさに「百年河清《かせい》を俟《ま》つ」ことなのでしょうか。

〈著者略歴〉

矢野　輝雄（やの　てるお）

1960年、NHK（日本放送協会）入局。番組編成、番組制作、著作権、工業所有権のライセンス契約などを担当。元NHKマネージング・ディレクター。元NHK文化センター講師。現在、矢野行政書士社会保険労務士事務所長、市民オンブズ香川・事務局長

主な著書：『ひとりでできる行政監視マニュアル』『絶対に訴えてやる！』『＜逮捕・起訴＞対策ガイド』『欠陥住宅被害・対応マニュアル』『行政監視・本人訴訟マニュアル』『自動車事故・対応マニュアル』『定年からの生活マニュアル』『欠陥住宅をつかまない法』『公務員の個人責任を追及する法』（以上、緑風出版）、『わかりやすい特許ライセンス契約の実務』『そこが知りたい！知的財産権』（以上、オーム社）、『あなたのための法律相談＜相続・遺言＞』『あなたのための法律相談＜離婚＞』（以上、新水社）、『市民オンブズ活動と議員のための行政法』（公人の友社）、『家裁利用術』（リベルタ出版）ほか

連絡先　矢野事務所　電話087-834-3808／FAX 087-835-1405

プロブレムQ＆A

あきれる裁判《さいばん》と裁判員制度《さいばんいんせいど》

［裁判官は、なぜ信用できないのか？］

2006年9月20日　初版第1刷発行　　定価1800円＋税

著　者　矢野輝雄©

発行者　高須次郎

発行所　緑風出版

〒113-0033　東京都文京区本郷2-17-5　ツイン壱岐坂

〔電話〕03-3812-9420　〔FAX〕03-3812-7262　〔郵便振替〕00100-9-30776

［E-mail］info@ryokufu.com

［URL］http://www.ryokufu.com/

装　幀　堀内朝彦

組　版　R 企 画　　印　刷　モリモト印刷・巣鴨美術印刷

製　本　トキワ製本所　　用　紙　大宝紙業　　E2000

ISBN4-8461-0617-9　C0336